此心光明，万事可成

侯文凯

著

中国友谊出版公司

图书在版编目（CIP）数据

此心光明，万事可成 / 侯文凯著. -- 北京 : 中国
友谊出版公司, 2021.11（2021.12重印）
ISBN 978-7-5057-5359-4

Ⅰ.① 此… Ⅱ.①侯… Ⅲ.①王守仁（1472-1528）
- 心学 - 通俗读物 Ⅳ.①B248.2-49

中国版本图书馆CIP数据核字（2021）第219283号

书名	**此心光明，万事可成**
作者	侯文凯
出版	中国友谊出版公司
发行	中国友谊出版公司
经销	北京时代华语国际传媒股份有限公司　010-83670231
印刷	唐山富达印务有限公司
规格	880×1230毫米　32开 7.25印张　105千字
版次	2021年11月第1版
印次	2021年12月第3次印刷
书号	ISBN　978-7-5057-5359-4
定价	45.00元
地址	北京市朝阳区西坝河南里17号楼
邮编	100028
电话	（010）64678009

某于此良知之说，从百死千难中得来，不得已与人一口说尽，只恐学者得之容易，把作一种光景玩弄，不实落用功，负此知耳。

　　　　　　　　　　　　　　　　——王阳明

目录 | CONTENTS

我为什么要讲《传习录》

本 书 缘 起

很多人都听说过王阳明，听说过《传习录》，但是真正能够读进去的人大概不多，能够真正读懂并且在生活中学以致用的就更少了。这真是一件让人非常惋惜的事情。

为什么会出现这个局面呢？我认为有三个原因：

第一，《传习录》本身由文言文写就，虽然它的语言并不十分晦涩，但是对于绝大多数非中文专业或者历史专业的读者来讲，还是不太容易理解。市面上虽然有很多的白话译文版本，但译文水平参差不齐，更重要的是，文言文中很多精妙的思想，翻译成白话后就味同嚼蜡。

第二，《传习录》的语言非常凝练，它就像一座智慧的冰川，我们能读到的语言只是冰川顶上显现出来的一部分，更厚重的智慧则隐藏在语言的背后，需要我们去体味、揣摩、顿悟。很显然，我们作为现代人缺乏这样的心境和环境。

第三，我觉得最重要的一个原因是，市面上对于包括《传习录》在内的经典著作进行解读的书，偏重于读，而不是解。这些书给人的印象是，教授们用很专业、严密的语言把古人的意思用白话文翻译出来，但翻译出来的内容不太接地气，跟普通人的生活关系不大。还有一些所谓的"国学大师"，以先贤的只言片语做幌子，宣扬他所谓的"国学思想"。这些人给大家造成了很恶劣的印象，让人们对国学经典丧失了学习的欲望。

　　王阳明的心学是非常鲜活的人生哲学，从它诞生那天起，就不是供人把玩的小文艺门类，而是经世济民的大学问。王阳明的心学关注的对象是人心，不是君臣父子那套外在的伦理秩序。人心，从古至今，并未有什么变化。所以直到今天，不管是青年人，还是中老年人，如果你愿意，你都能从这套学问当中汲取智慧。

　　在这本书中，我希望能够以自己多年的职场、商场的经验为依托，以个人的理解和体悟为纲领，将普通人能够看得懂的《传习录》解读呈现给你。这本书没有大段地引用原文，甚至也没有太多的注释和索引。就一个目标——好读。在写作过程中，我一直在问自己的问题是，这句话是人话吗？读者能看懂吗？我坚信，能够让读者看得懂，能够引发共鸣的文字才有价值。

但是，大家不要因为语言的平实易懂而忽视了思想的深度。近几年兴起了一股趣味解读历史古籍的风潮。从传播角度，这个是值得肯定的，它能够让更多优秀的文化遗产发扬光大。缺点是，它失去了厚重。必须提醒大家的是，《传习录》是哲学，严肃厚重本身就是哲学的基本特点之一。它要引起大家的思考，就肯定幽默不起来。

我们生而为人，希望活得明明白白，堂堂正正，这就是我们的目标。任何学说都是服务于这个目标的工具。心学在我看来，就是一套被忽视、被误读的强大的工具，所以今天我来讲，你来听。仅此而已。

是为序。

概念澄清

《传习录》是什么？

第一，它不属于四书五经。《传习录》是明朝中期的大儒、心学创始人王阳明的语录体（被弟子记录下来整理成册，类似《论语》）著作。它属于儒家哲学著作，但不是儒家正统。儒家正统是《诗》《书》《礼》《易》《春秋》这五经，到了宋朝，在儒学日渐衰微的背景下，朱熹力挽狂澜，重新解释儒家经典，从此，《论语》《大学》《中庸》《孟子》（合称四书）就成了儒生的教科书。《传习录》面世的明朝中期，正是程朱理学如日中天的年代，阳明心学是以一种挑战者的姿态登上了历史舞台。从《传习录》面世至今的500年以来，我们的民族在思想领域不断地推陈出新，但阳明心学的传承一直不温不火。如果认真挖掘，我们确实能够发现近现代历史上很多牛人都推崇过心学，但可以肯定的是，它从来不曾成为官学正统。

第二，王阳明心学，不是心经，不是心理学。心学、心经、心理学这几个概念经常被混淆，我今天给大家做一个辨析。心学属于儒家的范畴，儒家是经世济民的学问，讲究修身齐家治国平天下，这也是心学的最高追求，它不是像《心经》一样让大家枯坐参禅，六根清净。当然，心学的很多修身心法和佛家、道家的是相通的，但它们的最终目标不一样。

所以在接下来的讲述当中，我将会频繁使用"成长"这一词，来代替佛家、道家的"修行"二字，因为这本书是为了让大家学习成长，而不是让大家与世无争，遁入空门。我希望给大家传递一种积极的入世的人生哲学，让我们在这喧嚣的红尘中能够安身立命，进而建功立业，正如阳明先生所愿。

再来说心理学，心理学是来自西方的一种研究人的意识情绪的实验学科。心理学是科学，而心学是哲学。心理学讲究的是实证分析，而心学讲究的是参悟力行。心理学是为了治人之病，心学是为了安己之心。

第三，在我看来，心学是一套心法。事实上，对于刊印《传习录》这件事，阳明先生的内心是拒绝的。他在生前就反对他的门人把他的话记录成文，他说："如果后人只是拿着我的只言片语在那里咬文嚼字，甚至卖弄攻讦，那永远都掌握不了心学的精髓。"

我们不要把它当成一门言之凿凿的学问，要把它当成一种口口相传的处世心法。我在读《传习录》的时候，经常会有意无意地想象先生在说某一段话时的语气和表情，还有他弟子听到某段话的反应。阳明先生是人，阳明先生的弟子也是人，我们今人有的那些毛病，他那些弟子也都有，所以我们一定要让自己置身其中，才可能读懂。如果你能够用心体悟，书里的只言片语就能打通任督二脉；如果你没有慧根，就是把《传习录》倒背如流也没用。

现在很多人了解了一些皮毛，知道了一些知行合一、心外无物的名词，就到处宣扬，甚至在不知深浅地对先生的理论品头论足。他们将儒释道三家理论说得头头是道，而实际上自己的生活依然是蝇营狗苟。

时 代 背 景

近年来，为什么传统文化、国学的概念开始复兴了？

因为当下很多人深陷迷茫和焦虑的情绪中，需要用传统文化浇灌一下那颗浮躁之心。我们今天的时代背景是：社会高度发展，人民生活富庶。然而，当下很多人都心神不宁，被一种渴望快速突围和成功的焦虑浮躁之气所笼罩。正如复旦大学哲学教授王德峰说的那样："富贵不知乐业，贫贱难耐凄凉，左也不安，右也不安。"社会该往何方发展，个人该如何在这个时代自处，大家都在试图从我们民族文化的根上寻找答案。

多少年来，阳明心学不仅让很多中国人从中受到启发，就连日本人也对其赞誉有加。近现代日本的很多重要人物都研究过阳明心学，他们十分看重阳明心学中强调人的精神力量、意志和实践的说法，并以实际行动变革社会。因此，有很多人认为阳明心学是明治维新的原动力。这也是日本人至今都非常推崇心学的重要原因。

中国是世界上文明传承几千年没有中断的国家。中国人的文化韧性从全世界范围来看都是数一数二的，我们的语言从未消失，对传统文化的认同感从未消散。从1840年被洋人打蒙那天开始，我们学了多少西方的学说主义，但是直到今天，你会发现，普通民众深入骨髓的价值观还是根植于儒家文化。我本人年轻时对传统文化就没有兴趣，随着经历的事越来越多，我才渐渐明白，在中国，缺乏传统文化的底子，为人处世总是会有点拧巴。于是，我开始静下心来研究这些儒家经典。我想很多人都有和我类似的经历。今天，我们正处于百年未有之大变局，往大了说，中华民族伟大复兴正当其时；往小了说，我们在座诸君的迷惘，也需要寻一个归处。

目标读者

可以毫不隐讳地说，这本书的读者应该是 30 岁以上、以男性为主的人群。他们生活上有压力，内心有梦想，他们不想遁入空门，但又看不透这滚滚红尘。他们需要用出家人的清净心态来处理俗世的各种事务。为什么说是男性呢？大家可能发现了，目前主流的心理学、疗愈学、瑜伽学、冥想学等概念的受众面大多都是女性，因为女性更容易被这些学问影响，更容易进入一种修行的状态。而男性，由于天性的桀骜，他们很难坐下来，耐心地去面对自己的内心，去剖析自己的生活。他们的人生需要整顿和沉淀，然后重新出发，但是他们不愿意面对。他们也不喜欢修行这些概念，不愿意由别人帮助他们成长，他们觉得这些东西是很虚的。所以今天我把《传习录》整理出来，用我的语言讲出来，就是希望能够给大量跟我处在同一人生阶段的读者们，一种体面的心灵成长方式。

我在抖音上发视频，经常有不明真相的粉丝上来就问："学这些有什么用，不想着怎么搞钱，天天在这里之乎者也有什么用？！"像这样的人，他们的心灵已经被私欲全部攻占，由他们去吧。是的，《传习录》可能无法教你怎么发财，怎么挣大钱，怎么当大官，怎么提高情商，但我坚信，你一定能从中有所收获。

我们做每一件事情时都有两个考量标准：第一，做这件事对我有没有好处；第二，这件事对不对。我的观点就是，事只有做对了，才能成。只有表里如一、一以贯之地坚持做对的事情，才是人生的唯一正途，也才是获得成就的不二法门。从根本上来讲，对错决定成败，而得失，特别是短期的得失跟人生的成败反倒关系不大。关于这个观点，我有四段论，诸君且听我试论之。

第一个推定，我们要活得好，活得幸福，要成为一个受人尊敬的人，必须要做出点成就，为社会创造价值。

第二个推定，如果想要做出点成就，就需要长期而稳定地在某一个领域耕耘。这几十年的经济高速发展，可能会让很多人有这样一种思维定式：要抓住机会，才能发财，只知道埋头苦干是不行的。但是近几年的形势已经开始向我们释放新的信号，那就是：实力才是重要的，匠心才是重要的，长期主义才是重要的。

第三个推定，如果想做到长期心无旁骛地做事情，那必须要目标坚定，平心静气。坚持也好，热忱也罢，一定要保持从容笃定的状态。很多人所谓的不成功、不幸福、不开心，根源就是在这里，他们静不下心，安不下命。

第四个推定，如果要能够安心、笃定，就需要强大的内心，需要对自己要走的路线有强大的自信，需要对别人的眼光和议论不屑一顾。说得简单一点，就是要看得透，走得稳，行得远。

这些就是心学能够教给我们的东西，所以它是万学之学、立身之本。

唯 心 主 义

心学是唯心主义吗？

是。

这是我在抖音上经常被问到的一个问题。很多人戴着有色眼镜就过来下定论了。说我们是新时代的年轻人，你怎么在这里宣扬腐朽的唯心主义呢？

我在 30 岁之前也是这么想的。作为接受过唯物主义思想洗礼的新一代青年，我对这些玄之又玄的学说是没有兴趣的。但后来我发现，很多问题，最终都指向自己的内心世界，指向自己的价值观、认知和格局。世界是客观的，但这个客观世界是不是需要依靠我们的主观感觉和判断，才能得以确认呢？唯物主义没问题，但是这个认知层面不够帮助我们理解复杂的人性。所以我们要首先承认我们的内心世界有不同于客观世界的属性，去接受它，研究它，才能看得透、想得通，做事情才不会患得患失。

说到底，抛开我们的手机、汽车、高楼大厦，我们的精神世界和先贤们是相通的。这就是心学在今天能够大放异彩的根本原因。

我给大家一个建议。在学习新事物的时候，先不要抠定义，不要扣帽子，而是去了解它的实质，然后再决定它是不是有价值，是不是能够为我所用。刚开始，你有疑问是很正常的，但是如果你能够保持空杯心态，就能让心学为你照亮人生的道路。

写 了 什 么

前面我们说过,《传习录》不是一般意义上的儒家经典,而是一个杂糅的人生哲学体系。修道的人认为心学尽得道家精髓,学佛的人认为佛家的观照才是心学的内核,而儒家说阳明先生一生的使命——修身齐家治国平天下,就是典型的儒家思想,而且他的修身之法,也都能在《论语》《大学》《中庸》《孟子》这些儒家经典里面找到影子。

在我看来,阳明心学是融合了儒道佛三家的精髓的中国传统人生哲学的巅峰理论。它是能够穿透历史的惊世理论,是我们不能忽视的民族瑰宝。

实话实说,在我们今天的这个年代,包括孔孟老庄在内的中国古圣先贤,其意义基本上都是作为标志性存在的,很少人能够真正钻进故纸堆里精心钻研。相反,来自西方的心理分析、疗愈、个人成长、心灵鸡汤之类的东西开始占据了主流。毕竟现代著作的可读性更强,而文言文让多数人望而生畏。

真正站在读者的角度来解读王阳明《传习录》这样的旷世巨著,是非常有价值的事情。就像六祖慧能把佛经翻译成中文，让人们和佛家经典有了近距离的接触。

阳明心学是一个包罗万象的学科，能够教我们如何认识世界，如何树立远大的志向，如何精益求精地做事，如何经营家庭，如何调整每天的情绪，如何评判世间的善恶，如何安放我们的情感，如何获得平静的幸福。

也就是说，对于《传习录》，如果你能够深入理解并付诸实践，它是能够伴随我们一生不断进步的人生哲学。心学是一种近似宗教的人生感召，它不让你剃度皈依，或者受洗礼拜，但是它在你的心灵上会留下难以磨灭的烙印。你的思维方式、行为方式将因为心学的浸润而发生根本性的改变。从这个意义上来讲，我们可以把这个世界上的人分为两种：一种是心学门内人；一种是心学门外人。

唯一一点需要提醒注意的是，心学或者说《传习录》可能并不适用于所有人，这是我经过深入思考得出的一个结论，对于内心没有追求，坚信自己是一条咸鱼的人，《传习录》对他来讲就是聒噪的。那些内心没有一团烈火的人，是很难被唤醒的。

刊印体例

　　《传习录》分为上中下三卷，其中上卷是阳明先生的弟子徐爱、陆澄和薛侃三人分别记录的先生的言语。中卷是七篇书信，比较系统地介绍了阳明先生的学术理念。上卷和中卷都是阳明先生生前刊印的，也就是说是先生点过头的。而下篇是先生去世以后他的弟子们辑录的。

　　刊印《传习录》这件事，先生本来是抗拒的。他知道，被误解是表达者的宿命。他深知有教无类，他坚持述而不作。后来他的弟子徐爱说："世之君子，或与先生仅交一面，或犹未闻其謦欬，或先怀忽易愤激之心，而遽欲于立谈之间，传闻之说，臆断悬度。如之何其可得也？从游之士，闻先生之教，往往得一而遗二，见其牝牡骊黄，而弃其所谓千里者。故爱备录平日之所闻，私以示夫同志，相与考正之，庶无负先生之教云。"

　　翻译过来就是："当下的学者，有的与先生仅仅有过一面之缘，从没有听过先生的学说，一开始就先入为主地怀着轻视、偏激的心理，还没有仔细交谈便根据传闻草率地加以揣度，这样怎么可能真正理解先生的学说呢？跟随先生的学生们，听了先生的教诲，往往也是遗漏得多而学到得少。就好比相马的时候，仅仅看到了马的性别毛色，而遗漏掉了千里马的关键特征。因此，我把平日里所听到的都记录下来，给同学们传阅，然后共同考核订正，以免辜负先生的教诲。"于是，先生才勉强同意。

所以，多亏了徐爱大师兄，才有了我们今天能够看到的《传习录》。

如 何 学 习

心学是拿来用的，不是拿来研究的，更不是拿来显摆的。

如果从一开始就没有正确的心态，那你学起心学来是很难入门的。在心学的运动场上，我们都是运动员，而不是裁判。很多学者最容易犯的错误就是用居高临下的态度去评判优劣，或者隔岸观火般地计较得失，把心学的理论体系拿来和其他的先贤思想比较，或者把它套在西方哲学的逻辑里面，说它属于主观唯心主义的范畴。这些都是要不得的。我的读者朋友们，希望你们不要被这些观点带偏。我们学习心学是为了用，而不是为了搞懂它在学术语境中的学术地位。阳明先生曾说过，愚夫愚妇都能听懂的才是大道。他们的书如果你看不懂，不是你的错，是他们的错。

"知行合一""心外无物""心即理""在事上磨""无善无恶心之体，有善有恶意之动"，这些心学的核心观念，很多人张嘴就来，然而他们的认识也就仅限于此。这部分人能够在不懂的人面前显摆一下，但却从来没认真思考过这些观念背后深层次的意义，更没想过在生活中如何学以致用。请大家不要做这样的人。

心学的目标是"成圣贤"，它是让人脱胎换骨的大学问，是让人凤凰涅槃的大智慧。如果你走进了心学的世界，那么旧的你必将死去，新的你必将醒来。如果没有这个心理准备，而只是想学点心理小技巧，对你的生活状态修修补补，那还是趁早放弃，没必要来读它。

从现在起，请端正你的学习态度，博学之，慎思之，明辨之，审问之，笃行之。

在读到后面某一章节的某一句话时，你可能突然会有眼前一亮的感觉，有拍案叫绝的冲动。别控制，去享受你和先贤心灵相通的快乐吧。当然也会有冥思苦想却不得其门而入的感觉，如果你到了这样的关头，保持住，你一定会有感而遂通的时候。相信你的心，它有足够的禀赋去理解世界万物，总有一天让你头疼的那些问题都会迎刃而解。

人若复得此心完完全全，无少亏欠，自不觉手舞足蹈，不知天地间更有何乐可代。

让我们一起进入这个让人手舞足蹈的心灵圣境吧！

第一章

守 仁 其 人

王阳明不是你想象的那样

王守仁，字伯安，号阳明，1472年生于浙江余姚。他的语录集《传习录》成书于1518年，距今有500多年的时间。500年并不是一个特别长的概念，如果算25年一代人的话，也就是20代人的间隔。阳明先生的画像，是一副峨冠博带的官员形象，给人一种拒人千里之外的距离感。其实他在生活当中是一个很生动的人，他的经历和很多人一样，年少轻狂，血气方刚，他会生气，也会开玩笑。一定不要把他想象成一个摇头晃脑诵经的陈腐儒生，那样的话，你永远了解不到他学说的精髓。

　　我不准备平铺直叙先生的生平，而是随意抓取几个小片段，供大家从侧面了解一下。

寿享 57 岁

阳明先生活了 57 岁（1472 年—1529 年），在那个年代，他并不是一个长寿之人。他有肺病，可能是肺结核之类的病，经常复发，而他的一生又受尽奔波之苦，并不算顺遂。

在这一点上，300 多年后的另一位大儒——曾国藩，就和他有很多共同之处。两个人都是立功立德立言的"通关选手"，两个人都是 27 岁中进士开始走上仕途，都是京官起步，然后由于各种原因被外放，开启奔波模式。两个人身体都不是很好，都不太长寿（曾国藩享年 61 岁），一生多磨难，为国为家鞠躬尽瘁，死而后已。

超级"二代"

和曾国藩不一样的地方是，王守仁的家境非常好，他的父亲王华中过状元。他们家可以说是"谈笑有鸿儒，往来无白丁"。在18岁的时候，他就拜访了当时全国儒学界的泰斗娄谅并得其真传。当时的王守仁还是个没有功名的青年，他之所以能够轻易接近这些学术资源，和他的出身不无关系。

这是个很有趣的现象，很多宗教的教宗和大哲学家都是贵族出身，比如释迦牟尼、柏拉图、毕达哥拉斯、赫拉克利特……可能是优渥的家庭生活和天生的聪慧灵性，让他们有能力有心情去思考世间万物吧。

跟很多孩子一样，王守仁从小并不热衷于功名。他的成长过程有"五溺"（五种沉迷其中的爱好）之说，"五溺"就是任侠、骑射、辞章、老庄、佛家。有慧根的孩子的共同点就是不听话。这个不听话是因为他这辈子是带着使命来的，他需要建立自己的体系。郭沫若这样形容少年王阳明的志向之炽热："一种不可遏抑的自我扩充的努力明明是在他青春的血液中燃烧着的。他努力想成为伟人，他便向一切技能上去追求。人所一能的他想百能，人所十能的他想千能，人所百能的他想万能了。"

所以他的"五溺"就是在扩充自己的精神领地，探索自己的认知边界。大人为什么会觉得这样的孩子不听话呢？那是因为不管什么时代，成人的世界都有一些约定俗成的规则，这些规则对于孩子来讲其实是陌生的、奇怪的、值得推敲的。平庸的孩子选择了接受，有天赋的孩子选择了挑战。而这，在我们大人看来，就是听话和不听话的区别。

一只怪鸟

守仁的生母死得早（他13岁的时候他的生母郑氏病亡），父亲王华续弦再娶。这个后妈对他不好，他就想办法从市场上买了一只叫作长尾林鸮的鸟，偷偷塞在他后妈的被窝里。他后妈回来之后一掀被子，看到一只怪鸟飞出来，吓得不轻。当时，长尾林鸮这种鸟被认为是很不吉利的。所以他后妈觉得得找个"大仙"给看一看。第二天一早，家里就来了一个神婆（这个神婆是王守仁提前安排好的），神婆看了一圈家里的情况，就说："你们家是不是有什么不祥之兆啊，我从外面路过都感觉到一股煞气。"他后妈赶紧说："是啊是啊，您快给破破吧。"这个神婆就装模作样地开始作法，一会儿，王守仁亲妈的"魂"就上了神婆的身了。神婆阴森森地对后妈说："你对守仁这个孩子不好，我是孩子的亲妈，我很不高兴，这个怪鸟就是警告你的，你要是还这样，就不要怪姐姐我不客气了。"后妈吓坏了，跪在地上就开始磕头，说："姐姐啊，您可饶了我吧，我再也不敢了。"

这件事从头到尾都是王守仁一手策划导演的，当时的他也就十四五岁。从这件事上，我们可以想象，他并不是一个不苟言笑，一心只读圣贤书的书呆子，由此我们也就不难猜出，为什么他作为文官领兵，能够剿匪平叛为国立功了。

把 纸 写 完

他在 17 岁的时候奔赴江西南昌，迎娶江西布政参议诸养和的女儿。娶亲后他在他的岳父家住了一年多，然后才带着新娘回他的余姚老家。在岳父家这一年，他苦练书法，把岳父家用来写字的纸全都用完了。虽然他任侠、桀骜，但做起事来是非常用功的。很多富贵人家的纨绔子弟往往流于轻浮或者天资愚钝，但他却不一样。我一直试图在当下找一个能够和少年成名的王守仁作类比的"二代"，但很遗憾，我没找到。

在待人接物上，他最初是"和易善谑"，就是很随和，喜欢开玩笑。突然有一天，他开始后悔自己以前的行为方式，变得端坐省言。他的小伙伴们都不敢相信，问他怎么回事，怎么突然变得这么深沉，他说："吾昔放逸，今知过矣。"意思是说，我之前大大咧咧的，今天我知道错了。注意，他这个转变是在20岁左右的青年时期，而且是短期内转变过来的。年轻读者们，请想象一下这个事情。在我们今天的风气当中，伶牙俐齿、搞笑幽默都是优点，但是对于一个要成大事的人，言语轻浮、喜欢开玩笑的习惯是不是值得反思呢？

他24岁第二次参加会试，仍然落榜。当时同学中有人因为落第而感到羞愧。王阳明安慰说："世人以不及第为耻，我以不及第而动心为耻。"这是他24岁就有的境界。

即使有如此天才，他在30岁以后也开始后悔，说年少时没有专心研究圣贤之学，浪费了很多时间。他所说的浪费精力，指的是把精力浪费在了诗词歌赋、书法绘画、骑射任侠、参禅礼佛这些爱好上。在他眼里，这些高雅的爱好是浪费时间，只有圣贤之道才是正途。果然，天才的世界，我们不懂。

劝 退 和 尚

弘治十六年（1503 年），阳明先生在西湖疗养。有一天，他去虎跑寺游玩，那里有一个和尚已经坐关三年，终日静坐，不发一言，不看一物，看起来像个得道高僧。阳明径直走到这个神僧面前，大声说："你这个和尚一天到晚嘴里说的什么，眼里看的什么？"

和尚吓了一跳，心想我这是哪里被看出破绽了吗？（他本身不是瞎子也不是哑巴）然后双手合十问："施主，贫僧在这里不说不看已经三年，你这话什么意思？"

阳明没有直接回答，反问道："你是哪里人？在这里几年了？"

和尚说："我是河南人，离家十年了。"

阳明又问："那你家里还有亲戚老人吗？"

和尚答："还有一个老母亲，生死未知。"

阳明诛心一问："那你还想你的老母亲吗？"

和尚迟疑了一下说："哪能不想啊。"

于是阳明说："虽然你终日都不动嘴，但是你忍不住思念母亲，所以你心里已经说了千百遍思念的话语；虽然你眼睛没看，但是你在心里已经千百次地在看你母亲的音容笑貌了。"

和尚被震住了，说："望开示。"

先生说："人伦天性，怎么可能断灭。你现在忍不住想念母亲，便是你的良知尚在。你在这里终日呆坐，就是自己徒乱心曲。俗话说，爹娘就是灵山佛，不敬爹娘敬何人？"

一番话把和尚说哭了，哭完他便收拾行李，第二天就回河南老家了。

这个事很神奇。一个世俗中人，竟然去庙里把高僧劝回家了。我无意贬低佛门中人，只是想说，也许这就是良知的力量，它可以轻松穿透躯壳，触动人心。

还有一个例子，说的是阳明先生在剿匪的时候抓到了匪首。这个匪首非常强硬，一心求死，说："老子就是天生的恶魔，你别给我讲那套仁义道德了，给我来一刀痛快的吧。"阳明先生说："我就问你两句话，问完马上行刑。"那人说："好。"先生说："今天天气热，你把上衣脱了吧。"那人就把上衣脱了。先生又说："把裤子也脱了吧。"那人就把裤子也脱了。先生又说："你把亵裤（内裤）也脱了吧。"这时匪首就不干了，说："审问归审问，当着这么多人的面，让我光个屁股这算什么事呢？"先生说：

"你刚才说自己丧尽天良，十恶不赦，你现在连光个屁股都觉得害臊，你这叫丧尽天良吗？"这几句话直接将匪首说脸红了，接下来竟开始配合起工作来。

这就是良知的力量！

埋 葬 路 人

在龙场谪居期间，阳明先生曾目睹一个吏目（低级官员）和他的孩子及仆人三个人暴毙在他所居住的蜈蚣岭附近，出于恻隐之心，他带领他的童仆将此三人埋葬，还写下了名篇《瘗旅文》。文中写道："闻尔官吏耳目，俸不能五斗，尔率妻子躬耕可有也，乌为乎以五斗而易尔七尺之躯？"意思是说："我听说你的官职仅是一个小小的吏目而已。薪俸不过五斗米，你领着老婆孩子在家种田也能有这些收入，有必要为了这点俸禄来这个偏远凄苦的地方吗？"

他继续写道："自吾去父母乡国而来此，三年矣，历瘴毒而苟能自全，以吾未尝一日之戚戚也。今悲伤若此，是吾为尔者重，而自为者轻也。吾不宜复为尔悲矣。吾为尔歌，尔听之。"

意思是说："我来到这里已经三年了，经受了瘴毒的侵扰却能苟且保全，是因为我不曾有一天的忧伤啊。今天如此悲伤，大半因为你，很少是因为我自己呀。我不应当再替你悲伤了。我为你唱一首歌，你听听吧！"

你可以去看原文，感受一下阳明先生在这样悲苦的环境中体现出的达观精神和人文关怀。你是不是想过这样一个终极问题，那就是：心学到底是在教我们什么？我想这个案例可能会让你有所悟。阳明先生一片爱国忠君的赤诚之心却受此不白之冤，心怀天下却身居蛮夷之地。这时他展开怀抱，将自己的生命融入天地之间，用自己的胸怀装下万民之苦。试想，如果他不能为自己正在经受的苦难赋予意义，而是像这个可怜的吏目一样，内外交困，自怨自艾，那他能不能从龙场生还都是问题。

精神支柱塌了，人就完了。而这样的精神力量，就是阳明先生要传递给我们的。他用他的心重新定义了他的处境，或者说再造了他的宇宙，这就是他龙场悟道的意义。

剿匪训示

正德十二年（1517 年），阳明奉命赴南赣地区剿匪，他人还没有到任，一篇训令就已经发到了匪患地区的地方官的案头，我们来观摩一下阳明先生的工作热情和细腻心思。

"要见即今各处城堡关隘，有无坚完；军兵民快，曾否操练；某处贼方猖獗，作何擒剿；某处贼已退散，作何抚缉；某贼怙终，必须扑灭；某贼被诱，尚可招徕；何等人役，堪为乡导；何等大户，可令追袭；军不足恃，或须别募精强；财不足用，或可别为经画；某处或有闲田，可兴屯以足食；某处或多浮费，可节省以供军；何地须添寨堡，以断贼之往来；何地堪建城邑，以扼贼之要害；姑息隐忍，固非久安之图；会举夹攻，果得万全之策；一应足财养兵弭寇安民之术，皆宜心悉计虑，折衷推求。山川道路之险易，必须亲切画图；贼垒民居之错杂，皆可按实开注；近者一月以里，远者一月以外，凡有所见，备写揭帖，各另呈来，以凭采择。非独以匡当职之不逮，亦将以验各官之所存，务求实用，毋事虚言。"

此段话意为：

"各处城堡关隘，要检查是否坚固完好；军官民勇，是否勤事操练；某地盗贼猖獗，如何剿灭；某地贼匪已经被打散，如何安抚缉拿；有的贼匪负隅顽抗，那就必须剿灭；有的贼匪只是被引诱，尽量招降；什么样的人能够做向导；什么样的大户能够协同剿匪；军队战力不足的话，是否需要另行招募；财政支撑不起的，是否要另寻筹划；某地有闲田，那就拿来做军屯来种粮食；有的地方浪费严重，那就把钱省下来当军饷；什么地方需要增添寨堡，以阻隔贼匪往来；哪些地方能够建设城镇，以扼守贼匪的交通要害；一味退让避事，不是长久之计；合力夹击，才是万全办法。一切增加财政、养兵、灭寇、安民的政务，都需要从长计议，调和处理。山川道路的险易情况，必须亲自体察作图；盗贼堡垒民居的交错情况，必须按实情标注。近的属地限一个月内、远的属地限一个多月，将所有见闻，按上述要求做好备忘录，交到我这里，作为参考。这不光是为了我作为新任领导要拿这些资料来了解情况，我也要看看你们平时的工作有没有做到位，有没有实事求是。"

我读完这封训示，一种被恐惧支配的寒意油然而生。如果我是先生的下属，这样的领导我可不敢糊弄。

再次强调，这是先生作为一位从来没有带过兵的文官写出来的工作指令，着实令人敬佩。阳明先生的功夫，不是说出来的。

一顶罗盖

正德十四年（1519年）6月5日，宁王朱宸濠发动叛乱。当时阳明先生正坐在去往南昌的船上（宁王就在南昌），差一点就羊入虎口，得知消息后他马上掉转船头回吉安调兵遣将。但是当时天色已晚，大船行驶很慢，而且宁王的人知道阳明就在附近，已经派兵来追。为了尽快脱险，阳明先生带几名随员悄悄上了一条小渔船，把家眷都不动声色地留在大船上。在从大船转乘小船的间隙，他问随员："我们的东西准备齐了吗？"随员说："带齐了，印章、各种文书都准备齐了。"阳明说："还差一样。"他一边说，一边指了指大船上的罗盖。说如果不带上这个罗盖，我们怎么证明身份。果然，到了吉安城下，宁王反叛的消息已经传来，城门紧闭，随员赶紧拿出罗盖，表明身份，吉安知府才派人将阳明一行迎进城去。

　　如果当时换船时着急没带罗盖呢？阳明先生一行可能暂时进不了城，极有可能被宁王的人在城外捉住……那宁王叛乱就是另一个故事了。

　　为什么这个细节阳明先生能够如此冷静地处理呢？为什么别人都慌慌张张，差点误了大事呢？先生说了，这就是良知。如果良知莹彻，如明镜之悬，物之来者自不能遁其妍媸矣。就是说只要我良知修炼得通透纯净，就像镜子一样，那什么东西都逃不过我的法眼。这样的冷静就是心学修炼的意义。

高 调 低 调

　　宁王发动叛乱，王阳明调兵遣将准备平叛。当时事发突然，各地的防务都没有跟上，形势非常紧张。王阳明的父亲王华尚在浙江老家，有人劝他暂且避难，以免朱宸濠派人来寻仇，但是王华泰然自若，回答说："吾儿以孤旅急君之上难，吾为国旧臣，顾先去以为民望耶？"意思是说："我儿子以一支孤旅扛起平叛大旗为国靖难，我是国家的旧臣，岂肯在这个时候先躲起来，这难道是大家期望的吗？"我读到这一段的时候不禁泪下，心想正德皇帝何德何能，能有王华、王守仁这对忠心耿耿又豪气干云的国之栋梁。他何德何能呢？他还带着一群太监装模作样地御驾亲征呢！后来阳明把宁王抓住了，正德皇帝却说，你先把他放了，让我再抓一次，要不我多没面子。看到这里，你可能会说，这个皇帝是多么不靠谱，幸亏有靠谱的股肱之臣在侧。

后来，王阳明胜利归来，朝廷封其为新建伯，任命其为南京兵部尚书兼光禄大夫、柱国，追封三代及其妻室，一时间余姚王家炙手可热，天下无两。但是他父亲王华却敲打他说："你一介书生，能够立此大功，不是皇上圣明，就是我们祖上积德，你小子那点本事我还不知道吗？你给我低调点。"你想象一下这个场景，当时王守仁有再造社稷之功，门生故旧遍天下，这样的大英雄回到家，竟然被自己的父亲如此不留情面地鞭策。

守仁俯首帖耳，谨遵父命。

第二章

心 外 无 物

天地间只有一个心

阳明先生有段精妙的哲理："你未看此花时，此花与汝同归于寂；你来看此花时，则此花颜色一时明白起来。便知此花不在你的心外。"他认为，人心就是万物，万物也全部归于人心。心外无物，是心学的逻辑出发点。从这里出发，阳明先生将带我们体验不一样的人生之旅。

我即宇宙

有一次我从天津开车去北京，路不远，一个多小时就到了。正常情况下，我把这件事描述为：我从天津出发，开车一个多小时到了北京，路上经过了武清、廊坊等地区。这是我们正常人的视角。这个事情其实还有一个视角，那就是，我其实哪里都没有去，在这一个多小时里，我一直就坐在这个装了四个轮子的铁壳子里面，是这个铁壳子在地面上移动了一些距离而已。比如你坐飞机从北京飞了2000多公里到了广州，你到广州了吗？没有，你只是坐在机舱里，判断飞机到了广州而已。

从某个角度来说，我们号称在经历真实的世界，事实上只是终身困在自己的躯壳里，通过有限的感官去感知世界罢了。

我们确信无疑每天与之打交道的客观世界，只是我们的感官感觉到的，我们的理性能够判断出的，并且别人能够为我们做出佐证的认知客体罢了。就像我坐在那辆高速行驶的汽车上，我怎么判断自己经过廊坊了呢？是因为道路两旁出现的路牌标志提示我到廊坊了。但是我如何才能确认这件事是真的呢？

你想一想，如果我们每个人都像楚门（电影《楚门的世界》的主角）一样，生活在一个虚拟世界当中呢？就像现在的 VR（虚拟现实），如果我们一出生就被安放在了一个超级逼真的 VR 游戏体验室里面了呢？这个游戏的名字叫作《真实人生》。你说这个不可能，大家都活得如此真实，怎么会是虚拟的呢？那我再问你，如果我们所有人一出生就生活在这样一个虚拟空间里呢？

你这一生哪里也不曾去过，什么人也不曾见过，你只是坐在自己那个壳子里。你看到的风景，你到达的目的地，所有的世间万物、桑田沧海，都是一种感觉和判断而已。

　　这段有点烧脑，如果没有想明白就多想一想，这个绝对是颠覆世界观的一种视角。为什么要学习这样的世界观，我们后面再讲。到时候你就会发现，心外无物的世界观是高效和实用的，它把我们活在人世间需要关注的对象大大缩减——从万千世界，到一片仁心。

　　假设有一天你在大街上看见一个性感美女，我们来问这样一个问题：这个美女是客观存在的吗？站在心学的角度来说，不是的，为什么这么说呢？你看啊，对于一个性取向正常的男人来讲，如果一个女人长得肤白貌美，长腿翘臀，我们基本上可以定义她是一个性感美女，这是男人的视角。但如果是一个情窦未开的小孩来看呢？那她就是一个普通阿姨而已。对于这个孩子来讲，性感美女这个东西就不存在，因为他心里没有这个概念。对于男人来讲存在的东西，对于孩子来讲就不存在，所以你说美女的存在是客观的吗？当然不是，是男人由于荷尔蒙的作用，在心中产生了美女这个概念，然后在大街上看到了符合这个概念的一具躯体，把这个概念附着上去，她就被称为美女。所以美女只是存于男人的心里。在男人的心之外，没有美女。

那什么是心外无物？不是外面没有东西，而是我们只能理解、描述、研究某一个外物能够被我们感知的特性。而一个外物能否被感知，能否被赋予意义，也有赖于我们的内心是否有这样一个相应的概念。就像例子里说的，孩子也能看到那具躯体，但是他的心没有生出性感美女这个概念，所以这个东西对他来讲不存在。《传习录》中有句话，"见父自然知孝"，意思是说，看到父亲自然知道要孝顺。所以并没有一个存在于外界中的叫作"孝"的东西，而是我们天生有孝敬老人的本心，然后把它外化附着在父母身上罢了。

　　所以你的心才是万物的本源，你的天性生发出了各种各样的概念、情感、好恶，然后你开始拿着这些概念来定义世间万物。你的心才是真实存在的宇宙。你才是你的世界的唯一主角，剩下的所有都是配合你演出的舞台道具。

游 戏 视 角

如果用游戏视角来看待人生，将是一种什么样的体验呢？

很多读者都玩过游戏。在玩即时战略游戏时，一开局，地图都是黑的，你必须到处走走，走到哪里，哪里的地形景物才能明亮起来。你就是这个游戏世界的绝对主角。这种第一视角，就是心学看待世界的角度。

想象一下，你揣着一颗能够感知世间万物的心开始了游戏。比如，今天早上你坐车上班，汽车在马路上开过，你透过车窗看路旁的楼房，车流人流就像游戏地图一样在你眼前徐徐展开。

你到过的地方次第花开，你没有到过的地方万古长夜；你见过的人笑颜如花，你没有见过的人千载孤独。

你感觉到了自己在活着，你在用心体验这个仅有一次的人生之旅，世间万物如万花筒般在你的生命中绽放。在熙熙攘攘的人群之中，你感觉到你是这个世界的核心，你是最清醒的那个，这种感觉何其美妙。

作为对比，我们回想一下我们正常的看待生活的视角。我们每天早上被闹钟吵醒，睡眼惺忪地洗漱，穿衣服出门，然后开始一天的奔波。在这一天当中，我们的身体寸步不离地跟着我们，我们的感觉随时在反馈接收到的信息，我们的情绪随时在波动，我们的脑子里一直在冒出各种奇怪的念头，但是我们统统不自知，只是在被动地接受外界的反馈，被欲望控制着去追逐遥不可及的名和利。

请想象一个场景：放假了，你出去旅游，开着车载着一家人，到目的地后吃着火锅唱着歌。你仔细回想一下，是火锅和唱歌让你快乐吗？不是，是你先有了快乐的心境，然后你把它附着在吃火锅、唱歌，还有游山玩水上，然后你错误地认为是这些活动让你快乐。为什么说是错误的呢？因为原本就居住在景点周围的那些居民并不像你那么兴奋快乐，难道他们和游客看到的景色不一样吗？当然一样。由此可知，快乐在你的心里，而不是在外面。所以你想拥有更多的快乐该怎么做呢？去保护这颗能够感知真正的快乐的心灵，不让它在世间的喧嚣里蒙尘。

如果游戏里的人物也有心灵，那游戏本身就是个很残酷的设计。我们玩游戏的人一退出，一关机，他的世界就没有了。人生也是一样残酷，因为我们总有死去的那一天，"死去元知万事空"，当我们死了，我们的世界就没有了。

今看死去的人，他那些灵明游散了，他的天地鬼神万物尚在何处？

唯 物 唯 心

    小时候觉得唯心主义太不能理解了，心想怎么会有人相信唯心主义呢？一支长长的细细的笔，一个不锈钢的端起来还挺沉的水杯，怎么会不存在呢？怎么会说是意识决定了存在呢？我相信很多人跟我的想法是一样的。随着年龄的增长，经历的事情越来越多，就越来越发现，原来那种非黑即白的思维方式存在着很大的问题。比如，很多人不能处理自己的情绪和情感，陷入巨大的痛苦无法自拔。还有人与人之间经常会有很大的争论，对于同一件事的看法天差地别，辩论起来也是鸡同鸭讲。这些状况经常让人崩溃，甚至怀疑人生。后来我发现，问题出在我们的意识层面。我们认为是客观存在的事物决定了我们的意识，但是到目前为止，我们却没办法准确地描述什么是客观存在。比如我们面前有一个蓝色的杯子，我们都认为它是蓝色的，但是我说的蓝色，是你认为的那个蓝色吗？如果对方是色盲，我该怎么向他描述这个"蓝"呢？

    唯心主义和唯物主义的千年辩论，我们就不在这里展开了。我只是想表达这样一个观点，那就是站在人生哲学的角度来看，我们每天的情感心理活动等意识层面的东西，占据了我们更多的生命体验。

人生假设

我们经常能够从各种宗教的经典中及很多心理学大师的著作中找到类似"内求""内观"这些概念。在这一点上，人类的智慧是相通的。这也是修炼心学的切入点，很多不得其门而入的心学伪粉丝在这里就已经掉队了。他们嘴里说着"知行合一"，身体却很诚实地汲汲于名利。他们不知道知行合一的"知"是源自良知，而在良知的范畴中，名利这些东西首先是被排除在外的。也就是说，如果你不能看破名利，你的"知"和"行"就永远不可能合一。

这是人生观的巨大变化。我一直在跟大家讲心外无物，很多人就习惯性地反对，说如果要做到心外无物，那每个月孩子的学费、房租、老婆的化妆品这些东西，我能当它们不存在吗？我说你理解错了，我不是要让你当它们不存在，而是要让你知道，你现在感受到的这些压力，这些生存焦虑，本身都是你内心、你的意识的一种反应而已，你完全可以通过调整看问题的角度和训练强大的内心，将它们化解掉。这是一个主体和客体的问题。如果你认为这个世界的主体就是这个世界，而你只是芸芸众生中微不足道的一个，那你对你人生的把控，就会陷入一种巨大的无力感。而如果你是把自己当主体，将世界当成客体，你的力量将会升腾起来。

说到底，这是一个信与不信的问题，是一种人生假设，是一种经过无数人的实践，认为它有效的人生假设。

人情事变

《传习录》里有这么一段话，我认为是泄露天机的。阳明先生说，"喜怒哀乐非人情乎？自视听言动，以至富贵贫贱、患难生死，皆事变也。事变亦只在人情里"。这就是天机啊，各位，先生是说，我们经历的所有事情，都只是感觉体验和人情变化而已。我们看起来是在和这些名利得失打交道，其实我们这一辈子要处理的只是我们的感觉、念头、情绪、情感。所谓修行不只是让人平心静气地进行心理按摩，而是应对世间万物的基本操作。先生把富贵贫贱、患难生死统称为"事变"，我再给展开一下：我们天天在追逐的、经历的、置身其中的、纠缠不清的名利财货、生死别离、日月星辰、原子粒子、成功失败、爱恨情仇、学历职称、豪车美宅、如花美眷，所有这些统统都是"事变"，而事变只在人情里。

比如婚姻，是不是真实存在呢？那什么是婚姻？是那个花九元钱办的结婚证吗？当然不是，是我们的一系列感知和认定描述了婚姻这个东西。婚姻是夫妻双方对于共同抚养子女的承诺，是对彼此相互忠诚的约束。我们所拥有的婚姻，拥有的就是这些感觉而已。如果我们要处理婚姻问题，是要和谁打交道？是和民政局、双方父母，还是和吵架时暴怒的那一方？不是。在婚姻中，我们从头到尾，都只是在和我们自己的感觉、认知、情绪、情感这些东西打交道。

再举个例子，创业失败是不是够真实？诸君请听我分析解构。我们如何定义创业失败这件事呢？首先是财务崩溃，我们体验到的是对已有财产的损失的痛惜感；然后经营计划破产，我们感受到的是自我能力不足的挫败感；身边的员工、客户、合作伙伴开始疏远甚至怨恨我们，我们感受到的是尊严丧失的痛苦感。家人如果有怨言，我们体验到的是不被理解的愤懑；如果家人表示理解，我们体验到的是深深的负罪感。在自我反思的阶段，我们又面临自我否定的巨大痛苦感和对可能到来的再次失败的恐惧感。

这些感觉，就是生意失败之后我们内心的所有思绪。哪有一个客观存在的失败，我们只是把这些感觉汇聚在了一起，给它们定义了一个叫作"失败"的概念而已。把它们层层剥开之后，我们发现里面是空的。我们要处理的就是这些人情而已。

我儿子拼了一下午的玩具积木，被他姐姐不小心弄散架了，他顿时崩溃，暴跳如雷，满地打滚。他也在经历人情事变，和把公司弄散架时的我是一样的感受。但是他好得快，感觉来得快走得也快，他只是在经历这一切，过往不恋，未来不迎。而曾经的我，执着地把这个叫作"失败"的概念，刻在自己脑门上，融进自己的血液中。

而成功，则是跟失败完全相反的一种体验。财务盈余带来的轻松感，人们艳羡的眼光带来的骄傲感，惠及家人带来的欣慰感，还有对于之前个人付出辛苦后获得成就的自得感，这些就是所谓的成功体验。

什么是失恋？是被人抛弃，进而引起对自身价值严重怀疑的深刻痛苦感。

很多读者说，我现在太忙，等我闲下来了，找个安静的地方好好修身养性。这是大错特错的，你全部的世界就是你的所感所想，你当下的所在就是你的修行道场。

伏羲圣境

问："世道日降，太古时气象如何复见得？"

先生曰："一日便是一元。人平旦时起坐，未与物接，此心清明景象，便如在伏羲时游一般。"

学生问先生，现在这个社会，这么混乱黑暗，什么时候才能像太古时期那样清明安定呢？这话听着是不是很熟悉？我们在生活中经常能听到一些人抱怨："这年头……这世道……现在这些人啊……"这些不经大脑的抱怨之词并不是我们当下这个时代的特产，任何时代都不乏这样的抱怨之声。

先生是怎么说的呢？先生说，早上刚睡醒的时候，你的心清明透亮，这时候你感觉到的天地宇宙，其实和伏羲曾经生活的天地宇宙并无二致。上古的人穿着草鞋麻衣，"浴乎沂，风乎舞雩，咏而归"。今天的你，在黎明时分，去楼下的草坪上溜达一圈，闻闻花香，听听鸟鸣，想象上古的先民在你身旁劳作或者歌唱，是不是也很美妙？

　　这就是心外无物的境界，而且从逻辑上来看是站得住脚的。从伏羲的上古年代到今天也就几千年时间。这几千年里，人类的生活发生了很多变化，我们创造了高楼大厦、电灯电话和眼前的现代化国家及灿烂的文化。但我们的心还是那颗心，耳听目视，悲喜忧惧，一直都是在经历事变而已。如果你愿意，你完全可以在你的心里重现伏羲圣境。

　　这种站在历史的高度看待人生的视角能够让人超脱，就像你在仰望头顶的灿烂星空时顿生人类渺小的感叹一样。

安 住 当 下

　　有一个中年男人，常年在外地工作（在一个做城市天然气的国企里面），和老婆孩子两地分居。他想回家，但是又怕在老家找不到收入相当的工作，怕养不了家。青春期的孩子不听话，爱人经常为此抱怨叹息。到底是走还是留，他下不了决心，这种纠结状态已经维持了好几年。他已经开始厌烦这种生活，他无心工作，内心想要回家的念头越来越强烈。他每天都在拷问自己，别人都能够一家团圆，而自己为什么却要半生流离。他受够了，他想逃。

　　他向我咨询，他应该怎么办。我说："你这个逃离的梦想实现的那一天，就是这个泡沫破灭的那一天。你所期待的美好明天，一家团圆，如果有朝一日成了真实的当下，旋即会展现出另一种现实，然后再次被你嫌弃。孩子不听话引起爱人的抱怨，爱人的抱怨引发你的焦虑。所以，你以为你要先解决孩子的问题，然后解决爱人的问题。不是的，老婆和孩子都没有问题，你要解决的是你自己的问题。你要重新审视并全身心地接受生活。如果现在不能找到那种幸福安然，那回家了也不一定能找到。

"如果你愿意，你每一次回家的旅程都可以春暖花开，你每一次和孩子的视频通话都可以春风拂面。

"还有你的工作，城市天然气，它是通向千家万户的烟火之气、温暖之源；它的每一根管道，你的每一次检修，都是连接人群的力量和责任。

"那为什么你感觉不到呢？因为私欲遮蔽了你的心灵。对你来讲那就是一个谋生的手段，是不得已而为之的事情。当初就是奔着国企的安稳去的，你享受着它的安稳，却又嫌弃它的平淡。"

我们总以为幸福在别处，而当下的日子都是在熬，在盼。

除非你为自己带来幸福。如果你愿意，你现在就可以选择接受自己的生活，是的，就是现在，立刻，马上。

如果你是个带娃的母亲，现在你怀里的就是那柔软的天使；

如果你是个搬砖的工人，现在你手中的就是那朝圣的托钵；

如果你是个苦读的学子，现在你头上就是那先贤的摩顶；

如果你是个漂泊的游子，现在你脚下就是那伏羲的圣境。

心 高 于 脑

"人君端拱清穆，六卿分职，天下乃治。心统五官，亦要如此。"

人是唯一具备自我意识的生物。什么是自我意识呢？就是人能够看到自己，能够以第三人称的视角意识到自己的身体、情绪、情感、思维。这个意识是在人两三岁的时候成形的。大家可以观察一下小孩子，他们在刚学会说话的时候是不会说"我"的。比如有个叫"小明"的小孩子想吃东西，他会说"小明想吃"，不会说"我想吃"。当他终于学会了说"我想吃"的时候，他的自我意识就觉醒了。在人的成长过程中，这是一个重要的里程碑。

我们人类，只有当我们在用"我"这个概念来观察和思考自身的行为时，我们才是这个灵性的存在。非洲草原上，一头雄狮在捕猎一只角马。这只角马拼命奔跑，这是它的本能，我猜它甚至还会有一些简单的思维判断，比如是突然左拐还是右拐来甩掉狮子。但是它不会思考以下问题：我是谁？我为什么在狂奔？它（雄狮）是谁？它为什么追我？我为什么是这样的命运？角马的命运都是这样吗？等等。总之，它不会有这样超出自身范畴的第三视角的思考。所以在这一点上，人类至高无上。

心学里的"心"对应的就是这个"我"的概念，而代表思维概念的叫作"脑"。心和脑是不一样的。心是天地万物的主宰，而脑是处理思维的器官。我举一个例子你就明白了。比如别人惹你生气了，你正在气头上，你觉得这个人太过分了，不明白他为什么要这样对你。你的思维一直在想怎么反驳他，这个思维就是你的脑部活动。而这个时候如果你能够跳出来，说我为什么要生气，我能不能不生气呢？这个时候就是你的心在说话。换句话说，你的心看到了你的脑。

我们总是习惯地认为头脑是统辖我们人格的器官，思维是人的最高灵性所在。其实不然。我们的手在被烫到的时候会缩回来，眼睛看到有东西飞过来的时候会闭上，这些都是条件反射。而我们的头脑，在遇到别人的不尊重时会发怒，遇到危险时会恐惧，这些都不是什么太高级的反应，也只是一种条件反射而已。甚至在遇到严重的伤害时，我们的大脑还会陷入情绪旋涡，很多天出不来。那个时候我们的思维像一台失控的机器一样瞎想个不停，这简直是比肌肉痉挛更低级的行为。"一朝被蛇咬，十年怕井绳"，是谁这么�？是脑，而不是被咬到的手。

揣摩一下这个视角。总有一天你的心要站起来，在自己陷入对事物的片面看法时，在你被消极思维左右时，你要勇敢地对你的脑子说"不"。

谁 对 我 好

"'美色令人目盲，美声令人耳聋，美味令人口爽，驰骋田猎令人发狂'，这都是害汝耳目口鼻四肢的，岂得是为汝耳目口鼻四肢？若为着耳目口鼻四肢时，便须思量耳如何听，目如何视，口如何言，四肢如何动……汝若真为那个躯壳的己，必须用着这个真己，便须常常保守着这个真己的本体。戒慎不睹，恐惧不闻，惟恐亏损了他一些。才有一毫非礼萌动，便如刀割，如针刺，忍耐不过，必须去了刀，拔了针，这才是有为己之心。"

译文：

"'美色令人目盲，美声令人耳聋，美味令人口爽，驰骋田猎令人心发狂'，这些感官享受都是害你的，哪里是为你好？如果你真要为自己的身体好，就应该仔细思考一下耳朵应该听什么，眼睛应该看什么，嘴巴应该如何说，四肢应该如何动……如果真的是为了自己的躯壳好，那应该要以这个真我为中心，保护自己的本体，不该看的不看，不该听的不听，做事说话，唯恐伤害了自己的身体。有一丝一毫的堕落伤身的行为，就如刀割、如针扎一样难受，必须把这个刀去了，针拔了，这才是为自己好。"

女孩子在择偶时经常会说这句话："学历高低无所谓，有没有钱无所谓，对我好就行。"听起来很理性，很清新。但是我女儿长大以后，我一定会告诉她，不能这么想。不是说不能找对你好的，而是这个看问题的出发点就不对。

我们在说某个人对你好的时候一般指的是他关心你的感受，尽力满足你的需求，他认同你的价值观，甚至包容你的情绪。所以你很感动，你认为他对你好。但是你要知道，你的感受、你的需求、你的情绪、你的价值观并不是你，它们只是被造物主随机分配在你的人格里面的组成部分而已。你要用你的心来统辖你的感受、需求、情绪、价值观这些人格组成部分。

如果你天生残疾，那么你只是被分配了不太好用的肢体而已，用"一个瘸子"来定义你是不全面的。如果你天性易怒，那么你只是被分配了更容易分泌肾上腺的体质而已，这个发狂的形象并不能抹杀你高贵的灵魂。如果你天生失聪，那么这个世界对你来讲就是一个静默的存在。这个世界是静默的吗，并不是。包括我们听力正常的人，也不能否认超声波的存在。所以我们的感觉并不可靠，我们的情绪、偏好，甚至我们自以为理性的价值观，都是被很多客观因素，包括你的遗传、你的家庭、你的经历共同造就的一个随机配置而已。当你在思考"我"这个概念的时候，一定要把很多分配到"我"这个人格范畴里的乱入因素刨除。你应该想办法主导它们，而不是任由它们来绑架你。

举个例子，你喜欢吃甜食，有个男孩子很贴心地送你巧克力。他在做什么，他只是在贿赂你爱吃甜食的口味偏好，而这个被满足的偏好，作为他的同谋，给你带来了感官愉悦。所以你的情绪干扰了你的判断，让你把巨大的光环套在他的身上，让你无视那些真正危险的真相，比如他有可能并不是一个值得托付终身的人。

一件事值不值得做，一个人值不值得交，你的情绪和喜好只是微不足道的一个因素而已，只是这个因素存在于你的脑海，让你误认为它是可以评判这个世界的主宰。然而并不是，我们没有资格因为一点阴霾就去诅咒太阳的光辉，因为一次挫折而抱怨上苍的不公。

我要表达的观点是，别说"找个对自己好的人"这个想法不靠谱，就是对你好的自己都不靠谱。你说女人要对自己好一点，但你却纵容自己又馋又懒、好逸恶劳，这不是对自己好，这是在养肥潜入你人格内部的奸细。

第三章

心 之 所 向

立志是人生第一等大事

你有没有发现一个现象，就是一个人有没有远大的志向，有没有笃定的信念，你通过很短时间的交往就能看出来。那些有志向的人，他的言谈话语、他的气质、他的关注点都在彰显他的与众不同。他们走路带风，眼里有光，浑身上下都散发出积极向上的吸引力。

　　阳明先生说，志不立，天下无可成之事。

何 为 立 志

　　很多人有这样的错觉，觉得这个世界上杰出的人总是少数，自己哪有那么幸运。虽然在口头上喊口号，说我要成名成家，要顶天立地，但内心里是根本不相信的。他们在内心里认定了这个社会就是一个零和博弈的角斗场。有一个人上来，就有一个人被挤下去。

这是关于立志的第一个常见谬误。其实追求成功是一件非常个人的事情。很多外在的困难都是你想象出来的。没有人会夺去你在读的书本，没有人会阻止你正在思考的头脑，没有人会绑住你正在工作的双手。即使是在单位里和你竞争的同事，也只是在外围给你制造麻烦，而这些麻烦通常也就是一些人情事变而已。在你精进事业的过程中，谁也没有办法拦在你的路中央。所以决定权在你，你的敌人只有你自己。

关于立志的第二个常见谬误是，我想改变世界，但是我还要养家糊口，身不由己啊。这种观点有两个错误认知：第一个错误认知是，把贪图安逸、不敢改变现状的恐惧内核用责任感包装起来，把自己伪装成一个无辜的受害者，好像是你的老婆孩子牵绊了你，让你壮志难酬；第二个错误认知是，所谓立志，所谓追求梦想，并不是要让你抛弃所有才能去追逐，去实现，它只是让你重新换一种心态来面对你的工作，认真坐下来思考自己的人生。譬如搬砖、盖楼和建设美好家园这三件事，在别人看来都是同一件事，区别就只存在于你的内心。心外无物，立志这个事情就在你的内心，你无须做给别人看。

第三个谬误是关于年龄的。人们常常抱怨："我都 30 岁了，应该稳定了；我都 40 岁了，还折腾个啥；我都 50 岁了，这辈子就这样了。"我看过某位企业家的采访，他说我虽然快 80 岁了，但我还能干 20 年，如果身体不好那就再干 10 年。他神采飞扬地向记者介绍他要做的事情。内心没有信念的人，怎么会有这样的状态？80 岁当然可以含饴弄孙，但是谁说他不能胸怀天下？很多人一过 30 岁，结了婚，生了孩子，工作稳定了，就开始觉得学习是年轻人的事，事业是年轻人的事，追求梦想是年轻人的事，自己就应该稳定顾家。如果你有这样的想法，那证明你的心已经老了。

　　这段话可能会被很多人当成一碗"励志鸡汤"，但我仍要说，如果你已经遭遇困顿，如果你已经感觉人生灰暗，已经没有什么好失去的了，你还在纠结什么？

　　我知道你在纠结什么，你内心最大的恐惧在这里："我怎么会是那个出类拔萃的人呢？我家境一般，学历一般，天资普通，长相普通，连算命的都不敢拿我的生辰八字做文章。从各个角度看，我都没那种命。"

　　我不准备在这里鼓动你，靠我的言语煽动起来的那种热情长不了。我们冷静地分析一下关于立志的心法。先听听阳明大师的原话："只念念要存天理，即是立志。能不忘乎此，久则自然心中凝聚，犹道家所谓'结圣胎'也。"大师说立志是一个过程，不是灵光一现。就像我们种一棵树，我们没有办法参与树的生长，这棵树到底能长多高，结什么果都是我们控制不了的，我们能做的就是给它足够的阳光和水，给它合适的土壤，然后陪伴着它长大。

　　具体应该怎么做呢？首先，要远离那些让你心灵蒙尘的人和信息。不是说让你从物理上逃避他们，而是在心理上筑起堤坝。当那些把世故当成熟，把麻木当深沉，把怯懦当稳健，把油滑当智慧的老油条又在向你兜售他们的社会经验时，你要提高警惕。然后给你的心灵增加养料，这个养料包括优秀的书籍和积极的言论，还有优秀的人。接着去做成一件小事。

　　相信我，只要你想，你总能做成一件小事的。比如你天天早上起不来，但是你一直不停想着早起这件事，总有一个早晨你会元气满满地起来的。

　　其次，告诉自己，你已经开始了这段旅程，明天可能你就会败下阵来，没关系，后天继续冲锋。关键是你知道你会败下阵来，你欣然接受这个必然会出现的结果，而不是在败下来之后否定自我。要找到这样一种感觉，你在看着自己。你的每次努力虽然失败了，但你不放弃，继续努力，在这个过程中你始终都在观察自己。我们前面说"心外无物"，这个一直在上蹿下跳的自己，也会出现在你的视野当中。

如果你还理解不了，想象一下陪孩子写作业。一道很简单的数学题，孩子总是拐不过弯。这时候你会怎么办？是耐心地教他，还是不耐心地打他一顿？你心里知道，他总有一天会学会。二年级学的乘法口诀，他可能三年级才学会，再笨点小学毕业总也会了。现在你就是你自己的孩子，去观察他，陪伴他，不要让坏孩子带坏他，并且坚信他能学会。王阳明被贬龙场之后，万念俱灰，他躺在一口石棺里面冥思苦想，悟出了八个字："圣人之道，吾性自足。"我们的天性，足以引导我们找到自己的使命。

拥有天赋使命感是一个人最大的幸运，这是比任何智力才能、身体条件都要珍贵一万倍的财富。很多伟大人物都是在少年时期就树立了一生不变的信念。孔子十五而有志于学，王阳明13岁在私塾读书时就看不起自己先生的"学而优则仕"的理想，他说他要做圣人。毛泽东同志20多岁在长沙第一师范读书时就吟诗展示了自己的远大抱负。

在河南许昌，有一家叫胖东来的超市。老板于东来在1995年身背30万元外债。他痛心疾首，决定从一个烟酒小店重新开始。后来，他成了当地有名的企业家。即使今天他的企业在零售行业排不上号，巨头们一个补贴带来的销售额就能轻松干过他一年的销售额，但是他在大众心目中的位置，绝对不像他的企业在行业内的位置那样。他的转变就来自欠债这个机缘，这个机缘让他思考、顿悟，以至蜕变。欠债让人顿悟吗？当然不是，欠债只会让人失信，坐不了飞机、高铁。是一无所有的状态砸破了他思想的牢笼，让他那颗莹澈的仁心能够大放异彩，让他这个连普通话都说不利索的普通河南农民转穷为富，身披霞光。

持志心痛

持志如心痛，一心在痛上，岂有工夫说闲话，管闲事。

这一句话，点破了很多人的生活状态。我们身边出现的很多问题，比如抱怨、争斗、怨恨、猜忌……原因都是两个字：闲的。

立志和做事是两件互相促进的事情。

有一次，先生的弟子萧惠问："学生实在是有志于学的，也愿意立志，只是不知道该怎么入手才好，请先生指点几句。"

先生知道萧惠这个人其实很聪明，只是脑子里杂七杂八的念头多，就正色道：

"我讲个故事给你听吧。有一个学生千里迢迢来找我，专门问我一个'成圣之道'。我对他说了一个'立志'，其他的就没什么可说了。这个学生不满足，还要追问。我就问他：'你这一路走来实在不容易，遇到什么困难没有？'一说这话，这个学生就滔滔不绝地说起来了，他是怎样舟车劳顿，暑热炎毒，辛苦异常。走到半路盘缠不够了，他把剩下的几个钱都给了仆人，自己去找熟人借粮。说到后来，我听了都替他难过。可这个学生却说：'能见到先生的面，讨教学问，我觉得很快乐，一点也不觉得苦。'于是我对他说：'你有志于学，我又告诉你一个立圣贤之志的大主意，这些已经足够了。'那学生又问'成圣贤'的具体方法，我就告诉他说：'你何必非要追问实现理想的过程呢？只要你立了成圣贤的大志，并且一股劲儿地去做，这就行了。比如，你从家乡启程到我这里来请教学问，路上这么难走，又没有人强迫你非来不可，可你还是硬靠两条腿一步步走了来。跋山涉水，舟车劳苦，若不是为了求学，谅你也不会出来受这个罪。你现在立志求学，不远千里跑来见我，不认得路就向别人打听，有什么困难就想办法克服，一步步坚持走下去，最后就到了我这里。这时候你不但不觉得行路辛苦，反倒快乐得很，这就是因为你立了志，有了一个着力处，自然就会下功夫。功夫下到了，就一定有收获。成圣贤的路也是一样，我常对学生们说，圣人之道，吾性自足。你自己身上就有这样的毅力，你就拿这毅力来做你的学问，只要抱定志向不放松，一步一步走下去，何事不成？这就是路！'"

不知道你有没有这样的感受，工作和生活中很多看起来很难的事情，只要你下定了决心，自己给自己做了承诺，那不管怎样，它们最终真的可以实现。我们总说潜力无限，所谓的潜力就是心力。人心就像海绵，只要你有了方向，它会自动吸收对它有用的东西，来实现你的目标。

咸 鱼 特 征

我们在生活和工作中有很多问题，看起来是习惯问题、自律问题或能力问题，其实根源都是志向问题。我们可以通过生活中的很多表现来判断这个人有没有找到他笃定的人生志向和使命。比如以下这些表现：

第一，"佛系"，干什么都提不起劲。有很多人说，自己知道应该好好学习、好好工作，也知道要赚大钱，要孝敬父母，但就是感觉提不起劲，感觉自己很"佛系"。必须指出：所谓的佛系状态不是一个自然的状态，不是说人天生就是无欲无求的，经过别人的点燃才能有斗志，不是这样的。一个人从出生开始，就充满求知欲和探索世界的好奇心，以及渴望证明自我的内在冲动。而"佛系"的症状只是一种应激综合征的表现，是被压迫之后的心灵失焦。如果把一个人的世俗目标和社会压力都卸掉，将其带到野外，你且看他，一定会像刚蹦出五行山的孙猴子一样撒欢，哪里有个景色优美的去处，哪里有什么野花野果，他一定会去看的。现在的情况是，很多人即使去了风景秀丽的旅游景点，也会待在酒店里面睡懒觉打麻将，而不是用心去感受自然风光，享受风景所带来的美好。

第二，胸无大志的人对人性的判断趋于负面。想做事的人精力旺盛，积极寻求合作，他能用他的热情点燃别人。他知道用人所长，而不是揭人之短。而没有志向的人，向外散发着平庸、无助、颓废、偏狭的气息。他把别人说得都很坏，冷血、自私、不合作，这样一来，这个社会就可以为他的无所作为来承担责任，他需要这样一个不完美的社会来为他失败的人生做注脚。

第三，拜金主义。钱有多重要不用提了，但是对于有梦想的人，金钱只是追求梦想的工具和实现梦想的结果，他们享受这个过程。没有志向的人无法忍受长期付出的枯燥感，他在日常生活和工作中无法发现乐趣，无法体验成就感，所以一个遥远虚幻的有钱人的感觉就成了他的执念。他认为金钱可以解决他生活中的所有问题。他要环游世界，要有一场说走就走的旅行，要豪车别墅，主要目的都是为了逃离他目前可怜的生活。他会把金钱凌驾于所有的情感、理性、公平、善恶标准之上。只有金钱才能给他带来安全感。

　　第四，生活中心游离。他的生活没有自己的中心，别人说一起出去玩吧，他就出去玩了；别人说这个老板不行，咱不跟他干了，他就跟着辞职了。他不知道自己要什么，当然也不了解正在做的事情有什么意义。这都是因为他的心中没有主宰，欲望来了，跟欲望走；烦恼来了，跟烦恼走；偏见来了，跟偏见走。

　　第五，爱找借口。出现问题的第一个反应是甩锅，他煞费苦心地找了很多人为他背锅，比如他的家庭、他的爱人、他的公司、他的朋友等。

　　有个学生问阳明先生："不肖为声利牵缠，甘心为此，徒自苦耳。欲屏弃之，又制于亲，不能舍去，奈何？"

　　先生曰："此事归辞于亲者多矣，其实只是无志。志立得时，良知千事万事为只是一事。读书作文，安能累人？人自累于得失耳！"因叹曰："此学不明，不知此处耽搁了几多英雄汉！"

这个学生问："我这个人天生愚钝，被声名利禄所牵绊，我承认我读书就是为了科举，但内心却又为此痛苦。如果想要放弃科举，又迫于父母的压力，无法舍弃，这该如何是好？"

先生说："把科举之累归罪于父母的人太多了，说到底只是自己没有志向。志向立得定，良知即便主宰了千万件事，其实也只有一件事。所谓学习不就是读书写文章吗，这些东西又怎能牵累人呢？是你自己为得失之心所牵累啊！"先生因此感慨道："良知的学说不彰明，不知道在这里耽误了多少英雄好汉！"

如何立志

我们要从日常生活中找到自己终身的使命，有这么几点要求：

第一，你在生活中应该做一个有心的人。我们身边每天都会发生很多事，这些事情的发生或者不发生都有其理由和结果，有心的人作为一个观察者，能够发现看似平淡的生活中不和谐、不正常、不为人关注的点，然后以点带面发现其中存在的机会。也就是说，所谓的使命是内在的，但它必须从外在的机会或者问题反馈而来。比如你是一个大力士，你必须要到码头、田间、举重赛场，这些需要扛大包出大力的地方，才能展现出你这个大力士天赋的价值。否则，你自己在那里冥思苦想，说我的价值在哪里，强项在哪里，是体现不出来的，你需要参照物。

第二，寻找偶像。这个偶像不是明星，而是你内心里敬佩的一个人。这个人可以是古圣先贤，可以是我们当代的知名企业家、科学家、学者，也可以是普通岗位上让你钦佩的平凡而不平庸的人，比如你的老板、同学、同事，或是你的父亲母亲。最真实的人和事有着最强大的感染力。我本人有幸在工作中接触到一个胸怀博大的老板，他是做医药的，几十年如一日地做基础研发，做精细化管理，不贪大不求名，也从不搞那些商业贿赂之类的事情。他的企业中有很多服务年限超过 20 年的老员工。他出身寒微，虽然有这样那样的缺点，但是这都不影响我们被他的精神力量所鼓舞。

年轻人的职业生涯开端为什么非常重要，就体现在这个地方。你如果能进入一家好企业，企业中的每个人都很友善、积极，这个环境就会唤醒你天性中善的一面，你在工作中也能找到学习和模仿的对象。相反，如果一出校门就来到了一个员工钩心斗角、相互倾轧的不良企业，在这种地方，内心干净的孩子是待不下去的，他忍受不了。但是另外一些没有什么慧根或者被欲望完全控制的孩子，就会陷进去，与之同流合污，然后万劫不复。

第三，读传记。很多人长时间生活在自己的一方小天地中，只关注眼下和自己会限制了我们的视野，而读传记，能穿越时代的迷雾，跨越国籍的限制，了解在我们生活之外有着伟大成就的人及其生活成长经历。读传记的时候要用心体会，要把这个人当成一个榜样来理解，而不是一个符号，要试着回到他生活的年代，观察他成长过程中的一个个细节，让他的高风亮节去点亮你心灵的灯。

成长本能

你看路边的小草都在拼命生长，它是立志要做野草界的扛把子吗？没有，这只是它的本能而已。那作为万物之灵的人类，怎么会没有这种生长的本能呢？你的身体要成长，你的认知要成长，你的事业要成长，你在人群中的价值也要成长。这些都是人类与生俱来的天性。

很多人在遭受挫折后就开始自以为理性地分析，我为什么这么累？我现在不够吃不够花吗？我为什么不能辞职去环游世界？这是妄念，这种情绪低落状态下的所谓理性分析是非常靠不住的。就像你情绪高亢时觉得自己能改变世界一样，都是妄念。

人来到世间，都是带着使命来的，你势必要做点事情，暂时的困顿和迷茫只是人生旅程中的一段考验而已。而困顿本身，也是你使命的一部分，那是在磨炼你的心性，让你在煎熬中成长。你认真回想一下，困顿中那种百爪挠心的焦躁感觉，会是一个人的最终归宿吗？

你在人生最无助的时候，是不是想过出家？出家人四大皆空，在我们看来，他们没有人生目标，而他们真的是这样吗？出家人也是人，他们要不断地修行，才能降服自己的心，而这就是他们一生所追求的事业。如果说我们俗人是在骑着自行车飞奔，那出家人就是枯坐在独轮车上玩静态平衡，看似平静处亦有风雷。

那些将自己比作咸鱼的人，只是摆出了一种自欺欺人的姿态，把自己放在一个看起来很安全的位置，让别人知道自己是咸鱼，所以不思进取、碌碌无为这件事就会看起来理所应当。算了吧，你骗得了别人骗不了自己。"丧"，只是一种自嘲，不是一种自命。

二十来岁的年轻人，情感上受一点挫折就感觉看透人生了；三四十岁的年轻人，创业失败就觉得天命难违了；五六十岁的人，体力稍微差点就觉得廉颇老矣了。这只是在一厢情愿地为自己找借口罢了。

人生没有平坦的路。幸福和成功要靠艰苦奋斗得来。须知，你若盛开蝴蝶自来，蝴蝶不来你照样也得开。

第四章

本自具足

你的心会告诉你怎么做

很多人本该拥有更加灿烂的人生，却像一朵鲜花一样过早凋谢了。这些人一辈子都被困在了自己认知的牢笼里，悲剧地走向自己人生的终点。一个人在刚生出来的时候，都是如天使一般充满希望的，他的身体在茁壮成长，智力也在飞速发展。但是为什么到了成年以后，就有很多人活成了闰土那样的愁苦模样，孔乙己那样的迂腐模样，祥林嫂那样的悲惨模样？

　　答案就是你自己。有人相信自己的力量，不断突破，走向辉煌的顶点；有人荒芜了自己的心田，任由时代的洪流所裹挟，任由命运抛掷。就像一部手机，对有的人来说是智能终端，而对有的人来说就是一块板砖。不幸的是，人这辈子只能靠自己；幸运的是，你真的可以靠自己。因为，"汝本自具足"，你的心灵禀赋足以应对你人生中的所有挑战。

守仁格竹

程朱理学和陆（陆九渊）王心学的主要区别就是：前者认为天理在外，天理和人欲是两回事，所以要"道问学"；而后者认为"心即理"，要成贤成圣，根本不需要向外求，只需要"尊德性"。

那段著名的"守仁格竹"说的就是，青年时期的王守仁，当时还是理学的忠实信徒，他按照朱子的学说，开始学习格物致知（就是研究万事万物的规律以掌握天理），格什么呢？院子里有几棵竹子，那就先格竹子吧。然后他格了七天七夜把自己累病了也没格明白。

这件事在我们今天的人看起来很荒唐。我们搞科学研究应该是有方法工具和数据分析的。我们现代人熟知的科研方法是，要研究竹子，先要弄清楚这竹子属于植物里面的什么科什么属，内部的结构、外部的特性都是什么。但是很明显，以前的人们并不知道这个。朱熹是学术权威，他说格物致知就是这个意思，大家也就接受了这个意思。只有青年的王守仁一根筋，真的去格物了，把眼睛都快瞪瞎了也没格出个所以然来。而在王阳明之前的那些儒生，看来也都是叶公好龙的伪学者，他们虽然号称是理学的信徒，但是并没有人真正踏踏实实地去格物致知。

这件事和后来的"龙场悟道"是呼应的。因为格竹没格明白，这件事横亘在王守仁的心头15年之久，直到他36岁被困龙场时才顿悟。

顿悟了什么呢？就是三个字——"心即理"。就是说世间万物的道理并不在外界，而都在自己的心上。看似简单的三个字，是世界观的巨大变化。那就是他对良知，也就是自己的那颗仁心建立了巨大自信。就像一个穷困潦倒的汉子，之前总听别人说哪里的山上有宝贝，他扛着铁锹去了，结果什么也没有挖到。这时候来了一位白胡子的老神仙，跟他说你别在这里漫山遍野地找宝贝了，宝贝就在你们家呢。然后他就回去开始挖了，于是人心这座巨大的宝藏就被发现了。

阳明先生对我们来讲就是这个白胡子老神仙，他的《传习录》其实通篇在讲的就是一件事——每个人都有良知，每个人的良知能引导他走向圆满的人生。他跟我们讲良知长什么样，讲为什么我们的良知没有显现，怎样才能找回被私欲阻断的良知等。

"道之大端易于明白，此语诚然。顾后之学者忽其易于明白者而弗由，而求其难于明白者以为学，此其所以'道在迩而求诸远，事在易而求诸难'也。"

这段话的意思是：

"道的大的方面容易理解，这种看法是正确的。只是后世的学者疏忽了那容易理解的道而不去遵循，却把难以明白的作为学问，这正是'道在近处而求诸远，事在容易处而求诸难'。"

虚 灵 不 昧

陆澄问："看书不能明，如何？"

先生曰："此只是在文义上穿求，故不明。……须于心体上用功。凡明不得，行不去，须反在自心上体当，即可通。盖四书、五经不过说这心体，这心体即所谓'道'，心体明即是道明，更无二。此是为学头脑处。"

"虚灵不昧，众理具而万事出。"

陆澄问："读书而不懂，如何是好？"

先生曰："之所以读不懂，主要是因为死扣文义。……

应该在心体上下苦功夫，大凡不明白、行不通的，必须返回自身，在自己心上体会，这样就能通。四书、五经说的就是心体，亦所谓的'道'，心体明即道明，再无其他。这正是为学的关键所在。"

虚灵不昧之心体，众理具备而万事由此产生。

这个道理应该引起我们的重视，那就是书到底应该怎么读。当下，很多人怀着一种非常功利的态度在读书，想着如何成功，如何发财，如何让自己的孩子考上清华北大，这种读书的心态是不可取的，为什么？我们细想这样一个道理，孩子学走路是谁教会的？答案是：没人教，他自己学会的。他的成长本能驱使他站起来，他的运动天赋策动他迈开脚步。大人能做的只是保护他、观察他、鼓励他。试想，如果一个孩子始终没有大人教他学走路，他就学不会走路吗？不会的。最多可能慢一点，多摔两跤，但他迟早能学会走路。

所以人后天学会的技能，其实都是一种内在成长的外化表现而已。即使是所谓的成功，所谓的赚钱能力，也都是一种内化能力的外化结果。如果一个人的内化能力还没有萌发出来，那他是不会赚钱的，即使教他，他也学不会。

现在，请你思考一下你现在会的那些东西，有哪一样是别人教会的，有哪些是你觉得无师自通的？这个问题想明白了之后大有裨益。为什么要修行？为什么要成长？为什么要思考？为什么要用心？所有的答案就都出来了。因为只有这样，你才能呼唤出你那些内化的能力，让它们显现出来，而这个过程我们统称为"学习"。

再回到读书，我们说的"书读百遍，其义自见"，"熟读唐诗三百首，不会作诗也会吟"，这些谚语就揭示了学习的本质。我们作为心的主人，事实上并没有能力去干涉我们内化的学习过程，我们能做的就只有相信自己，用心体会，用心思考，让这些学习材料在我们的心头发酵，假以时日，它自然会为我们奉上香气四溢的美酒。

不 假 外 求

人生中最重要的那些问题，从来没有人能给你答案。

比如你的孩子学习成绩不好，不听话，天天玩游戏，你为此焦头烂额。这时候有个辅导班说可以一对一辅导，有知名教育专家主讲，知名儿童心理专家领衔答疑，能够解决你教育中的所有疑惑。而且你试听了两次，感觉确实不错，于是你就像找到了救星，交了 3888 元的培训费。

比如你租了个门面房做生意，但是一直不温不火，你先是看风水，后又改门头，折腾下来却没什么效果。这个时候某个大师来了，说可以帮你做一套方案，又是免费模式，又是社群裂变，甚至可以帮你代运营，短期之内客单价给你提升多少，客户留存率能够提升多少，说得头头是道，案例实实在在，于是你交了钱……

你交了钱，你就被骗了。骗你的不是骗子，是你自己的私欲。因为被私意裹挟，所以你不敢相信自己的内心，总在外面寻找什么灵丹妙药。你不敢面对教育、工作、生活的本质，你静不下心带孩子，沉不下心做服务，总是被那些急功近利的信息所蛊惑，然后上了一当又一当。

发 下 宏 愿

如果你已经超过 30 岁，已经经历过一些事，不再满脑子幻想，但是脚下的路却依然看不清，这个时候你就应该发愿了。因为这个时候你的人生已经进入了"薛定谔的猫"的阶段，不到揭盖子那一天，能不能活出个人样，谁也不知道。这个时候你的意识要发挥作用，这只猫是死是活，就看你的愿力有多强。

这是个很蹩脚的比喻。我只是想说，没有信念介入的生活，不会发生奇迹。如果你每天只用头脑，而不是用心来生活，你人生的路将越走越窄。不是吗？在你内心没有力量的时候，你的眼前就是白茫茫一片，哪条路都荆棘密布，什么事业都困难重重。而真正的人生成就都来自克服这些不可能，只有愿力强大的人才能在迷雾中看见自己的使命。在你犹豫、摇头、嗤之以鼻的时候，真正的行者已经背上行囊踏上了取经之路。这期间他们遭遇艰难险阻，甚至命悬一线，不料他内心那团火又燃起来了，他又站起来了，成功穿越寒冬。

什么是信念？信念无法用理性来解释，因为信念的能量级别超过理性思维。

你可以想象一个拿了奥运金牌的人，从来不相信自己能获得冠军吗？那不可能，他如果不相信自己能获得冠军，那他一定得不了冠军。那你说，他就是相信自己能获得冠军，他也不一定能获得冠军啊！你说得没错。

"一个人不相信自己能获得冠军，那他一定得不了冠军"和"一个人相信自己能获得冠军，他也不一定能获得冠军"这两句话都对，就看你选择哪句话作为你的信念，不同的人生信念导致不同的人生轨迹。

　　很不幸，很多人选择了第二个说法，所以他们过得正确而可怜。既往的失败经历在他的内心种下了绝望的种子。他的内心一直在呼唤失败。他们每到一个新环境或者结识一个新的朋友、恋人，他的内心深处都在担心失败，担心分离。这种担心就是一种呼唤，对于失败的呼唤。就像开车时，他们的眼睛一直盯着旁边的深沟。你说没事好好开你的车就行，他说怎么没事，我亲眼看到有车从这里掉下去。

　　不要当那个冷静客观的失败者了。要发愿，用正念的力量驱散心头的阴霾。心不唤物，物不至。我们为什么不能完全信赖我们的大脑来生活，因为人类的大脑习惯性地搜集负面危险的信息，得出悲观警示性的结论。这是千百年来丛林中的恶劣生存条件让我们养成的习惯。为了让自己能活下来，我们头脑中的安全预警系统一直保持在最高级别。所以今天我们要用心，用强大的信念来驯服大脑。因为我们的世界很安全，创业失败不会死，工作没了可以再找，失恋了天也塌不了。

　　一个人有没有信念很好判断，你就看他能不能静下心来不计得失地钻研一件事情。有些人一辈子都在"划水"，每件事都找好了退路和说辞，永远在面子上立于不败之地，永远在道德上处于制高点。如果你问一些人，他们这辈子干过什么有意义的事情吗？或者做过什么认为有价值的事情吗？很多人会被问蒙的。因为他们在混，在假装生活。

你跟他们说，你要发愿，要有信念。他说，你这是唯心主义。你看，他又正确了。

勇 者 无 惧

孔子说："仁者无忧，智者无惑，勇者无惧。"

要修炼，要成长，从哪里开始，静坐，读书，思考吗？不对，是勇敢，是那种"彪悍的人生不需要解释"的勇敢，是那种"我既然来到世间就没想着要活着回去"的勇敢。要勇敢地活自己的人生，要勇敢地和别人不一样，要有"虽千万人吾往矣"的气魄。你如果不能忍受孤独，不能接受别人异样的眼光，那你早晚还是会变成原来的模样。那些浴火重生的人就是被动地洗掉了心灵上最后的恐惧，因而变得无所畏惧。

阳明先生说："须是勇。用功久，自有勇。故曰是集义所生者，胜得容易，便是大贤。"

没有人能随随便便地开悟，虽然开悟那一刹那的感觉就像捅破了一层窗户纸一样，但是在捅破窗户纸之前，你需要跋山涉水。每次的灵光一现都会在你的内心留下一个光点。随着时间的流逝，这个光点慢慢就淡化了，然后当下一次你灵光一现时，那个光点就又亮了。这种感觉叫作"先顿后渐"。就是先生说的，先有了一个"为学头脑"，有了这点慧根，然后不断地实践体悟，越来越纯熟。

"绝学之余，求道者少；一齐众楚，最易摇夺。自非豪杰，鲜有卓然不变者。诸友宜相砥砺夹持，务期有成"。

"一齐众楚"是什么意思呢？就是一个齐国被众多个楚国包围着。就像我们每个人都是被人群包围着，你要改变要成长，就意味着你要和别人不一样。这时候是需要勇气的，特别是刚开始，你还没有找到方法，还没有收到成效时，这时候别人的眼神带来的无形的压力，就会使人动摇。有亦师亦友的同道相互夹持会大有裨益；如果没有，你就更需要勇气，因为这表明，你所在的人群需要你先觉醒，然后再来影响他们。

四 端 之 说

心学对于人性的理论原点来自孟子的四端说:"恻隐之心,仁之端也;羞恶之心,义之端也;辞让之心,礼之端也;是非之心,智之端也。"孟子说:"仁义礼智,非由外铄(授予)我也,我固有之也,弗思耳矣。故曰:'求则得之,舍则失之。'"

也就是说,是非对错这些标准,都是天赋的,不假外求的。这个人手一份的良知保证了人类社会的正常运转,让人类作为一个物种有了共通的心灵纽带。如果要做个类比,那你可以想象非洲草原上的鬣狗,残忍血腥就是它们的集体性格。而人类看到这些残忍的场面,内心会产生不适,这是人类的正常反应。我们随后会用理性来劝自己,每种动物都有它在食物链上的作用,如果鬣狗心慈手软,那它的猎物就会过快繁殖,从而破坏草原的生态平衡。我们会用这样的话来抑制我们的恻隐之心。

2000多年后的康德的先验道德理论,和孟子的观念很类似(康德被称为"柯尼斯堡的中国人")。康德认为,人们对于宇宙的感知,还有内心的道理律令,这些基本认知是天赋的，不需要证明的。他那句"让我敬畏的，只有头顶的灿烂星空和心中的道德律令"，说的就是这个意思。

有这样一则新闻，说有个女孩，患有很严重的抑郁症，一直要靠吃药来维持。她处了一个男朋友，向男朋友隐瞒了她的病情，两个人相处得挺好，马上就到谈婚论嫁的地步了。这时候她的闺蜜出现了，在一次他们三个人的饭局上，这个闺蜜向这个女孩的男朋友透露了这女孩有严重的抑郁症这件事。最终这个男孩就和他这个女朋友分手了。

咱先抛开这个男孩，单独来分析这个闺蜜做得对不对？我问了好几个朋友对这件事的看法，我们的看法是一致的，都觉得这个闺蜜做得不对。大家可能说不出来哪里不对，但就凭直觉觉得这个闺蜜不应该这么做。这个闺蜜给出的理由是，我不能眼睁睁地看着一个正常的男孩被一个隐瞒病情的女孩给骗了，所以我是在主持正义。但是大家还是觉得她做得不对。为什么呢？就是因为人要有是非之心，这个闺蜜的行为属于告密。不管她怎么包装，内核是改变不了的。她欺骗不了大家的良知。其实她应该也欺骗不了自己的良知，只是不承认罢了。

满街圣人

人们都有这样一种奇怪的能力，那就是在每种环境下，每个行业中，都能以最快的速度，最锐利的视角，发现其中的肮脏不堪，包括所谓的潜规则、阴暗面等。比如当官的贪污腐败，经商的无商不奸，当老师的不负责任，当医生的收受红包，做食品的投毒害人，做学术的剽窃充数，房产公司虚假宣传，上市公司财务造假，等等。

这些阴暗面有可能存在于这个社会，但远远不是全部。然而，我们为什么会先看到满眼的乌烟瘴气，而不是鸟语花香呢？

心外无物。我们看到的，就是我们想看到的东西罢了。比如一名教师，他如果认为孩子是天使，那他就能看到孩子天性中的良善纯真；如果他认为孩子就是被宠坏的小霸王，冥顽不灵，人性本恶，那他看到的一定是孩子天性中的顽劣粗鄙和师生之间的互相伤害。

很多人被自己的私欲所蛊惑，认为他的事业不值得用心追求。这种心不在焉的态度，让他失掉了幸福的可能性。所谓敬业，就是他认为他的职业和事业是一个值得敬畏的事情。现在很多人并不这么认为，他觉得这只是获取名利的一种手段而已。他没有办法爱上自己的工作，这是多么可悲的一件事情啊！他觉得身边的同事都是庸人，觉得自己之所以栖身于这样污浊的环境中，不过是为了所谓的养家糊口。

一日，王汝止出游归。先生问曰："游何见？"对曰："见满街人都是圣人。"先生曰："你看满街人是圣人，满街人到看你是圣人在。"

读者们，回到一个根本的命题：你到底怎么看待我们的时代，我们的世界呢？你看到的是满街的圣人，还是只能看到满街的人面兽心的魔鬼？这个视野和别人没关系，和所谓的事实也没关系。因为在这件事上，根本没有事实，只有判断。你的世界是由你来定义的，你要问你自己。

心 生 万 物

写作是一件很神奇的事情。路遥在写作《平凡的世界》

的时候，写到田晓霞牺牲那一章，他精神崩溃了，哭着给远在老家的弟弟打电话，弟弟以为出了什么大事，火急火燎地坐车过来。来了之后，路遥还是一个劲儿地哭。弟弟问他咋回事，他说田晓霞死了，弟弟说田晓霞是谁，他说是他小说里的人物。这下他弟弟崩溃了。

与其说是路遥创作了《平凡的世界》，不如说上天要降世这部伟大的作品，只是借路遥的笔把它写了出来。作家在创作一部作品的时候，给人的感觉像是一个接收外太空信号的过程。他就坐在那里，灵感就汩汩如泉水般涌出。文章本天成，妙手偶得之。你就是把全世界最好的诗词歌赋都输入一个最先进的电脑，把关于文学创作的所有知识点都编进程序，它也写不出"落霞与孤鹜齐飞，秋水共长天一色"这样的千古名句。

在这一点上，所有的行业都是一样的。外科医生精准地一刀下去，操盘手果断地一手买入，靠的都是理性思维无法达到的灵感。我看那些乒乓球国手的比赛视频，会非常好奇，在电光石火的一刹那，他是怎么做出提拉、扣杀或者虚晃一枪的判断的？我看那些画家在纸上笔走龙蛇的时候，那些钢琴家运指如飞的时候，会非常感叹，他知道哪一笔点睛会比较传神吗？哪一个音符能够摄人心魄吗？他不知道，他就那么画出来了，弹出来了而已。

即使是一个在家里带孩子的宝妈，如果她很用心，那么孩子一动她就知道是要尿尿还是饿了或是困了。没有哪个女人上过妈妈培训班，但她内里有母爱的天赋，外面有需要爱的孩子，然后无数个日夜的辛苦抚育，就成就了这样一个伟大的母亲。

　　我们的所有能力都来自内心，就是阳明先生说的"一点灵明"。俗话说，"狗大自咬，女大自巧"。女大自巧是因为她内心就具备巧的天赋，需要到一定年龄，需要一定的外在条件才能显现出来。每个人的内心都被赋予了无穷的天赋，所谓的立志，所谓的努力，念念不忘，心驰神往，这些都是召唤出内心的力量的外在手段。怎么召唤出的呢？我不知道，你尽管努力就好了，其他的交给天意。

第五章

省 察 克 治

日常修行的居敬功夫

人类思想史上有一个轴心时代，大约在公元前 500 年前后，各种哲学思想和宗教思想在世界各地竞相出现。此时中国黄河流域出现了诸子百家，古希腊出现了苏格拉底、柏拉图、亚里士多德，古印度出现了释迦牟尼，两河流域出现了犹太教的先知。轴心时代的光辉思想被后世的哲学家和宗教人士不断地发展传承到了今天。

　　纵观所有宗教，你会发现其修行内核高度一致。凝结成两个字就是"观"和"止"。"观"就是看见你自己，接纳你自己，调整你自己，提升你自己。"止"就是放下欲望，放下偏见，放下仇恨，放下心魔。

内观视角

曾子曰："吾日三省吾身，为人谋而不忠乎？与朋友交而不信乎？传不习乎？"

反省的关键在于观察，就是看见自己。上小学的时候，老师会让学生写日记，让他们每天反省自己。很多学生到晚上会想一想今天都干了什么，记个流水账的日记。这不是内省。内省是一种觉知，是所有修行的起点。如果一个人认识不到"我的情绪，我的感觉，我的情感，并不是我自己"，没有这种分离感，那他不管学了什么哲学、什么思想，都难以落地。

佛家说人有五蕴——"色受想行识"，即感觉、感受、思维、欲望和认知。没有受过修行训练的人，很难意识到"我的想法并不是我"。有人惹他生气了，他就认为这件事就是不可避免的，这个生气的形象也是不可分割的，然后会劝自己一句，我要忍住自己的脾气，不能总是发火。但是很明显，这种方法不管用，意志力是控制不住的。

我想很多人都听过一种静心方式叫作"冥想"。冥想的要诀不外乎调整呼吸、感觉四肢、观察念头、想象美好等。你会发现，其实这些方法本质上就是让人看见自己，调整呼吸是感知自己的气息，感觉四肢是感知自己的身体，观察念头是感知自己的思维。本质上，都是用"我"这个主宰者来观察我这个人格的组成部分：身体、情绪、情感、念头。

内省是一种强大的工具，因为生活中的很多烦恼和失误都来自无意识，也就是不知不觉。不知不觉地，心情不好了；不知不觉地，怒火中烧了；不知不觉地，心中充满了偏见。我来列举几个生活中常见的场景。

早高峰期间，你在拥挤的马路上开车送妻子上班，心情本来就烦躁，这时候突然你前面插进来一辆车，你一个急刹车，差点撞上去，你的火腾一下就起来了。好，现在我们把画面定格在这里。你看，作为当事人的你已经被情绪控制住了，但坐在副驾驶上的你的妻子却相当清醒，她看到了是别人犯错在先，她感受到了你的怒火。她立马做出了清醒的判断，跟你说，没必要，让他先过去吧，别因为这一点小事影响一天的好心情。你的妻子很冷静，但作为当事人的你却做不到。现在，你需要内省，用你妻子的视角来看你自己，想象一下，当坐在副驾驶上的你看见了正在开车、正要发火的自己，会不会冷静下来呢？

另外一个场景。晚上，你在家里吃饭，妻子开始唠叨，说又该还房贷了，而你因为生意不好，已经两个月没有收入了；你心情烦闷，心想赶紧吃完，出去抽根烟，这时候孩子又在旁边哭闹……此刻，你感觉人生如此艰难，家庭令人如此烦恼。但是如果换个场景，你们出去度假，孩子在沙滩上欢声笑语，你在旁边悠闲地躺着晒太阳，你可能就会感觉生活竟然如此美好。现在，想象一下，用躺在沙滩上悠闲晒太阳的你来看前面那个场景中抽闷烟的你，会不会感觉不一样？

再看另外一个场景。你在公司负责招聘，今天面试了两个候选人，第一个候选人不管是学历还是经验都符合公司的要求，但是你不喜欢；第二个候选人各方面明显差了一些，但他是你的老乡，而且长相气质很像年轻时的你，你内心开始劝说自己，这个年轻人可塑性很强，以后好好培养，他一定能够为公司带来价值。这个时刻，你的情感蒙蔽了你的心。你忘了，第一个候选人不用培养就能为公司创造价值。如果当时有一个公司的股东在旁观这件事，他就能给你提出更冷静更公平的方案。而这个股东，这个旁观者，可以是你自己，就是内观时的你。

有人说，掌握了这个内省方法的那些人是不是就没有烦恼了？当然不是，我们的大脑是一个随时在运转的机器，脑海里时刻有念头在奔涌。我们只能观察它，在它出问题的时候进行纠正。所以说不怕念起，就怕觉迟。

先生曰："忿懥几件，人心怎能无得？只是不可有所耳！凡人忿懥，着了一分心思，便怒得过当，非廓然大公之体了。故有所忿懥，便不得其正也。如今于凡忿懥等件，只是个物来顺应，不要着一分心思，便心体廓然大公，得其本体之正了。且如出外见人相斗，其不是的，我心亦怒。然虽怒，却此心廓然，不曾动些子气。如今怒人，亦得如此，方才是正。"

这段话的意思如下：

"喜怒哀乐这些情绪，人怎么能没有？但是不能跟它走。这些情绪起来的时候，你只要内心有一点私意，就会情绪过当，就失去了中正平和的状态。所以说，'有所忿懥，便不得其正。'如今对于愤怒等情绪，需要做到顺其自然，不要在上面增添一点点私意。这样心体才能廓然大公，才能保持心体的中正平和。就像是你上街看见两个人在吵架，其中一个人理亏还霸道，你看得义愤填膺，但是仅仅是义愤而已，心中是坦然的，并没有动气。如今对别人发怒时，也应该这样，这才是中正平和。"

我们的情绪起来的时候，自己也会像个旁观者一样，看见自己和别人在闹矛盾。虽然这其中也有是非曲直，但我们不应该跟着这个情绪走。

自律陷阱

"日间工夫觉纷扰，则静坐。觉懒看书，则且看书。是亦因病而药。初学时心猿意马，拴缚不定。其所思虑多是人欲一边。故且教之静坐息思虑。"

关于自律，阳明先生给出的方法比较简单：静不下来是吗？那就去静坐吧。懒得看书是吗？那就看书去吧！说别的都没用，要解决自律问题，如果没有这个你死我活的斗争态度，就没有任何胜算。

关于自律的书籍汗牛充栋，人们发明了很多种方法，试图将那些"懒骨头们"解救出来，但是很遗憾，没有解决"心力"来源的自律方法，统统不奏效。

每天做计划，每天写进度，定期总结，定期修正……这些东西对他们来说是另一种负担。他们本来就难以说服自己，控制自己，现在又给他们增加了一份需要靠意志力才能完成的事情，会让他们更快丧失"战斗力"。而且这种"间歇性踌躇满志"状态带来的恶果是很明显的，那就是人们对自己的评价将会急剧降低，觉得自己什么也坚持不了，自己就是个废物。在下一次激情被点燃之前，他们会因习得性无助而变得压抑，跟自己说别再折腾了，没用的。

要真正解决所谓的自律问题，首先要解决我们前面说的"立志"问题，如果不知道自己要做什么，所谓的自律就变成了心血来潮。有人觉得自己胖，就赶紧制订一个减肥计划，去办张健身卡；有人突然感觉自己身体状况不佳，就赶紧制订一个作息计划，然后逼着自己去坚持。这些都是没用的。尼采说："只有当一个人知道自己为什么而活的时候，他才能够忍受各种生活。"也就是说，一个人要想改变，首先他得知道自己要到哪里去。一个业务繁忙的小老板是不会太纠结所谓自律的问题的，因为他的生活节奏很快，工作安排得很满。一个在读的大学生，反倒很容易陷入迷茫慵懒的状态当中，因为他从来没有为自己做过决定，不知道自己的人生目标到底是什么，当下需要做的是什么。

再说，"内观"——看见自己。

我给大家介绍一个我已经践行多年的自律方法。它不需要你对现在的生活方式做任何改变，不需要你写计划、定目标，你甚至都不需要改变自己当下的生活状态，但它要求你在这种状态下，能看见自己。你在刷视频的时候感受一下自己在刷视频；你在端起酒杯的时候告诉自己一句，我在喝酒。你试着这么做时，可能会被自己吓一跳。

这么做的用意是什么呢？让你的心灵归位，请它出来统揽全局。你的意志力太不靠谱，太容易被欲望带着走，你需要用心灵去掌控全局。这个方法听起来很简单，其实也需要训练，因为你已经习惯了漫不经心的生活。比如说你每天用手机刷视频这件事，如果你突然看到一个跟你长得一模一样的人在刷视频，你是什么感觉呢？

　　记住，不要用一种欲望去克制另一种欲望。比如你发现自己长胖了，说要减肥，这时，你是在用一个暂时占上风的身材焦虑来克制吃美食的欲望，那怎么会好呢？这时候你的身体就是个战场，两种欲望一直在拉扯你。所以不要刻意改变，而要用心感受。你的良知会告诉你怎样改善。

　　你是不是想知道自己是否一直走在正确的道路上？每天问自己一句话："我今天是不是浑浑噩噩地过来的？"问问自己这一天是不是晕头转向、懵懵懂懂、行尸走肉、漫不经心地度过的？用心生活，才能保证每一天不白活；每一天不白活，才能做到一辈子不白活。

静坐冥想

一友静坐有见，驰问先生。

答曰："吾昔居滁时，见诸生多务知解，口耳异同，无益于得，姑教之静坐。一时窥见光景，颇收近效。久之，渐有喜静厌动、流入枯槁之病。或务为玄解妙觉，动人听闻。故迩来只说'致良知'。良知明白，随你去静处体悟也好，随你去事上磨炼也好，良知本体原是无动无静的。此便是学问头脑。我这个话头，自滁州到今，亦较过几番，只是'致良知'三字无病。医经折肱，方能察人病理。"

一位友人静坐有所领悟，来请教先生。

阳明先生回答说："我昔日在滁州时，看到学生只是注重知识见解、争辩异同，对于学问没有益处，我就姑且教他们静坐。一段时间后能体会到心体，很有成效。但是久而久之，有人就有了喜静厌动、流入枯槁的毛病。或者务求那些玄妙的感觉，对别人炫耀。所以，近来我只说'致良知'。良知明白了，不论你是静处体悟还是事上磨炼，都没问题，良知本体是无动无静的。这便是学问的宗旨所在。我这个话头，从滁州到今天，也是经过多番思考，只有'致良知'三个字没有问题。就像好的医生一样，经过长时间的磨炼，积累了丰富的经验，才能察明病理。"

注意，阳明先生没有要求学生用静坐冥想这些方式来修行。他说他当初要求学生静坐，只是觉得有些学生聒噪，静坐让他们闭嘴而已。结果这些学生就开始喜静厌动了，他觉得这样不对，所以后来就不再提静坐的事了，只是说"致良知"，站着也能致良知，坐着也能致良知，说话也能致良知，吃饭也能致良知。这就是阳明先生的心学最务实的地方。有些人喜欢装神弄鬼，是因为他没有实质。阳明先生说："或务为玄解妙觉，动人听闻。"

正在看书的你，可能有工作有家庭，有各种各样的人情事变。阳明先生讲的这些东西，从来没有要求我们打乱日常的生活和工作节奏，专门抽出时间来静坐，来禅定。"心学"只和心有关，心到了就什么都有了，心不到什么形式也没用。

复得天理

阳明先生曾说："吾辈用功，只求日减，不求日增。减得一分人欲，便是复得一分天理，何等轻快洒脱，何等简易！"

现在有一本畅销书叫作《贫穷的本质》，这本书表达的就是这么一个观点：穷人，由于长期的贫穷造就了一种匮乏心理，使得他们没有心力进行长期规划，只能被最容易满足的欲望所驱使，将好不容易积攒下来的可以用作生产资料或者提升自己的金钱和精力很轻易地挥霍掉了，然后继续陷入贫困的深渊而循环往复。

这句话我相信大家都能听懂，但是光听懂没用。如果不深刻地反思并做出改变，这个贫困的深渊就是我们所有人的宿命，包括自认为是中产的人。

每次我看到那些大学生，为了买一款新出的手机，在各个分期平台上借贷；每次我看到一对明明相爱的年轻人，因为彩礼问题一拍两散，我就忍不住叹息。

想象一下，你是一个穷人，每天在工地上搬砖，很辛苦，很压抑，对富人的生活充满了羡慕嫉妒恨。而电视上、手机上天天都在展示富人的生活方式，你很不平衡，觉得生而为人，为什么自己都没享受过富人的生活呢？这种想当有钱人，像有钱人一样享受的念头就是你的欲望。被欲望控制的人就像被铁线虫控制的螳螂，螳螂会无意识也去寻找水源，不惜淹死在里面，而我们会无意识地去追逐物质，绝望地接受人为财死的宿命。

从今天起，开始改变，把吃尽天下美食的想法从我们的头脑当中去掉。这件事不会对你的人生产生任何负面作用。人生不会因为你没有吃过种种美食而遗憾。一想到美食，就用心把它克服，这就是修行。修行到什么程度呢？你看到哪里开了一家新餐厅，或者广告里又在鼓吹一种新的餐饮时尚，你开始发自内心地对其嗤之以鼻，并对你身边执着于这些东西的芸芸众生产生超然事外的惋惜，这时你的功夫就练成了。

这件事不会对你的人生造成任何的负面影响，没吃过那些美食并不可耻。但是你在心理上腾出来的空间，给你带来的自由却是不可限量的。我们常说要断舍离，把占据你内心的这些杂念都清除出去才是真正的断舍离。

当你一件一件地从你的内心往外清理垃圾的时候，那种感觉非常美妙。眼神明亮了，身体轻盈了，精力充沛了，运气变好了。你变成了谦和温润的君子或是知性优雅的女人。即使身处乡村，即使在工地搬砖，你身边的人看你的眼神都不一样了。

"格"穿欲望

穷人总是在幻想，钱是万能的，而现在所有的问题，就是因为没钱。

有这样心结的人很多，比如许多穷苦出身的人，在人生的某些重要场合，宁肯花大价钱也要去高档饭店吃一顿大餐，因为这顿饭的意义远远超过了这顿饭本身，他辛苦了一辈子，要用这顿饭证明他没白活。

还有一些年轻人，非常豪迈地宣称：我这辈子一定要开上奔驰，一定要住上别墅。他们认为这是一种梦想，但在我看来，这是贫困甚至屈辱的童年记忆对他们的最大伤害。

像这样的执念还有很多，比如出人头地、衣锦还乡，比如一定要上清华北大。这些心魔是阻碍我们人生幸福的巨大障碍。我们太害怕不幸，甚至无法容忍对于不幸的想象，所以这时恐惧就乘虚而入并控制了我们的心。当你试着找到你心中最炽热的那团欲望，你会发现它背后一定是最深的恐惧。

所以我们要勇敢地格物致知：把这个包装成欲望、梦想、情结的恐惧拿出来，盯住它，端详它，等你看透了，想开了，觉得没意思了，放手了，你一下就轻松了。这个直面内心的过程痛苦而过瘾。它对你人生的意义深远而彻底。这是每个人走向成熟的必修课。

当下很多人喜欢攀比，如果幸福靠比较才能得到，那这种幸福就太脆弱了。一定要让自己直面这些问题。你可以问自己，现在的状况，无论是家庭、工作、收入水平，还是生活状态，自己能接受吗？你如果能够全然接受，就能够放下，你一旦能够放下，就能开始真正的生活。你一旦开始真正的生活，内心的力量就会升腾起来。这样，你的生活就会好起来，比你想象得还要好。你会发现前面经历的这些都是财富，你会真心感恩上天的安排。

这段话听起来像是一碗心灵鸡汤，但是各位，如果你有机会，你去问问身边每一个历经磨难之后还能笑对人生的人，听听他们是怎么描述他们内心奇妙变化的。我相信你会从中找到答案。你要相信，人的内心世界是非常强大的。如果你的人生中出现了巨大的磨难，不要再满世界找方法了，回到自己内心，那里才是最终的出路。

我们总是笑话琼瑶剧里面的无脑女主，摇着头说"我不听我不听"。但是在命运给我们的昭示面前，我们何尝不是那个头摇得像拨浪鼓，说"我不听我不听"的无脑人？

有些人这么一傻就是一辈子，到老了头发花白了，还逢人就说："我真傻，单知道下雪的时候野兽在山坳里没有食吃，会到村里来；我不知道春天也会有……"

闲 思 杂 虑

陆澄问阳明先生："好色、好利、好货等心，固是私欲，如闲思杂虑，如何亦谓之私欲？"就是说，那些很明显的色欲、物欲的念头我能分辨出来，那些每天的闲思杂虑，为什么也叫作私欲呢？阳明先生说："毕竟从好色、好利、好货等根上起，自寻其根便见。"先生的意思是，你把你的闲思杂虑往下挖掘，一直挖到根上，它一定就来源于私欲。没有例外。

想想看，酒店楼下及大街上常常可见的"小卡片"，对应的是不是我们的好色之心？各种琳琅满目、九块九包邮的商品信息对应的是不是我们的好货之心？各种年薪百万、财富自由的标题党文章对应的是不是我们的好利之心。我们为什么要关注这些信息，因为内心的私欲。我们为什么会收到这样的信息，因为信息的制造传播者深谙人性。

一些有关凶杀案的新闻事件，大家关注它是因为猎奇，讨论它是因为热度，但是它干扰的是我们的情绪，留给我们的是潜意识的不安。

现代传媒的发达极大地促进了信息的传播，但是很不幸，垃圾信息占了绝大部分。一些新闻事件，在信息并不发达的时代，绝大部分普通人是不知道的。但如今这些事件通过现代传媒工具的传播与放大，几亿人的情绪常常为之震撼。而且由于负面新闻的传播属性更强，所以我们天天会看到一些跟我们没有直接关系的新闻事件，比如加拿大火灾、尼加拉瓜的洪水、非洲的艾滋病、中东的恐怖袭击、明星的绯闻、名人的口水战等等。事实上，世界各地每分每秒都在发生惨烈的车祸，如果你愿意关注，你完全可以看到。

行动上的自律首先来自心灵的自律。如果你的心灵天天被这些闲思杂虑填满，时而血脉偾张，时而心如死灰，时而阳光灿烂，时而内心阴暗。头脑里面一直在奔涌着不平、嫉妒、仇恨、偏狭甚至极端的念头，天天坐在情绪的火山口、潜意识的垃圾堆上，试问你如何自处。

在信息大爆炸的时代，我们要像保护自己的心脏一样保护自己的心灵，不要照单全收，要有意识地保护我们内心的平静。每条进入我们意识的信息，都需要进行过滤：这条信息说的是什么？它的潜台词是什么？我为什么要关注这条信息？

无事时将好利、好色、好货之心扫除廓清。"到得无私可克，自有端拱时在"，还有何思何虑！

为己之心

萧惠问："己私难克，奈何？"先生曰："将汝己私来，替汝克。"先生曰："人须有为己之心，方能克己；能克己，方能成己。"萧惠曰："惠亦颇有为己之心，不知缘何不能克己？"先生曰："且说汝有为己之心是如何？"惠良久曰："惠亦一心要做好人，便自谓颇有为己之心。今思之，看来亦只是为得个躯壳的己，不曾为个真己。"先生曰："真己何曾离着躯壳！恐汝连那躯壳的己也不曾为。"……先生曰："'美色令人目盲，美声令人耳聋，美味令人口爽，驰骋田猎令人发狂'，这都是害汝耳目口鼻四肢的，岂得是为汝耳目口鼻四肢？若为着耳目口鼻四肢时，便须思量耳如何听，目如何视，口如何言，四肢如何动……汝若真为那个躯壳的己，必须用着这个真己，便须常常保守着这个真己的本体。戒慎不睹，恐惧不闻，惟恐亏损了他一些。才有一毫非礼萌动，便如刀割，如针刺，忍耐不过，必须去了刀，拔了针，这才是有为己之心，方能克己。汝今正是认贼作子，缘何却说有为己之心，不能克己？"

这篇较长，我分两段给大家解析。

第一段。弟子问，我的私欲难以克制怎么办呢？先生说，把你的拿过来，我帮你克。禅宗也有一个类似的机锋对话。慧可说，我的心不安宁，希望您帮我安下心吧。达摩伸手说，将心来，与汝安。慧可找了半天，可是心在哪儿呢？慧可说，找来找去都找不到心啊。达摩微笑说，我已经帮你安完心了。慧可当下大彻大悟。阳明先生的棒喝和佛祖的偈语有异曲同工之妙。那就是，在修行这件事上，是没有人能够代替你的。不管多么高深的大师，他也只是起到提点启发的作用。前面的"虚灵不昧"那一节中我们已经分析了学习的本质。没有任何老师能够替代学生学习，所有的教练都只是陪练而已。也有人经常问我类似的问题，大道理我都懂，但我就是做不到。你做不到是因为你的内心深处不想做到。你没有立下决绝的志向，所以习惯性地向外求助，然后在得不到帮助的时候开始陷入抱怨和自怨自艾的情绪中。你扪心自问一下，是这样的吗？

第二段的意思比较深。萧惠主动承认错误说：我是特别想立志成圣贤的，特别希望能够安顿好自己的身心，但是我耽于享乐，看来我只是为了这个躯壳考虑，而不是为了真我。我们看看先生是怎么辨析的。先生说，你的真我何时离开过你的躯壳。你的眼耳口鼻这些器官就是你的心赖以感知世界的工具，它们本来就是你的身心的一部分。"五色令人目盲，美声令人耳聋，美味令人口爽，驰骋田猎令人发狂"，这都是害你的耳目口鼻四肢的事物，你为何说这是为了你的躯壳考虑呢？你只是天天向外求索，求名求利，然后让这些东西伤害你的身心。如果你真的是为了自己好，那你就应该像先贤说的"戒慎不睹，恐惧不闻"。

我举个例子。比如你家的孩子正在学习，这时候突然有人拿了个游戏机过来说，来玩游戏吧，你什么感觉，你肯定要把这个游戏机放在一边，说不要影响孩子学习。孩子如果辩驳，你还会跟他说，爸爸这是为你好。你的自我意识就是这个爸爸，你的身体就是这个孩子，真要为孩子好，就不要让孩子被欲望和堕落所俘获。这才是真正的"为你好"。我们平时在受到那些外界的诱惑时，内心的私欲就跟着走了。这时候我们认为是为了自己，其实你的身体、你的眼耳口鼻在跟着这些欲望受罪。沉迷欲望的你，相当于是在纵容内外勾结的奸细，伤害你自己的身体和精神。这叫为自己好吗？

"一棒一条痕，一掴一掌血！"这就是先生的方法。成长不是你好我好，风轻云淡，喝着茶盘着串就超凡入圣了。没这回事的。要发大愿，吃大苦的，没有这个心思的读者，趁早就死了这条心吧。

我写这本书是给那些有担当、有理智的读者准备的，他们相信自己的力量。他们在成长过程中遇到问题了，就鼓起勇气去克服它，暂时克服不了，甚至全线溃退回到了原点，都很正常，只要你内心的火苗还在，总有一天还会燃起来的。

涵 养 讲 求

涵养是向内的成长，指的是通过不断地内省、克制，来完善自己的人格；讲求是向外的追求，指的是通过不断的学习、涉猎，来扩展自己的领域。

先贤们对于多学知识这件事的态度并不是一味地支持鼓励。孔子问子贡说，你觉得我是博学而有见识的人吗？子贡说，对啊，不然呢？孔子说，不，你误会我了，我并不博学，我只是一以贯之而已。孔子说的一以贯之的"一"，指的是两个字，忠和恕。忠是忠于自己的内心，恕是包容这个世界。这两个字能够保证你有最谦逊的态度、最稳定的状态、最公正的立场，以此换来最真实的生活和最闪光的真理。人之所以能成长，是不断地深入体验，用心追寻的结果，不能靠那些浮皮潦草的知识。

阳明先生说："专涵养（向内修行）者日见其不足，专识见（向外学习）者日见其有余。日不足者日有余矣，日有余者日不足矣。"

这句话意思是说，向内修行的人每天都能发现自己的不足，这种不足感能促进人成长；而向外索求的人每天都能满足于自己的进步，这种满足会让人止步。

你想想看，如果你不知道地球是圆的，会有什么后果吗？仔细想一下，好像也不会有什么严重后果。

如果满街的车牌子你一个也不认识，会影响你过马路吗？好像也不影响。

有些人懂得确实挺多的，但是你很明显地能看出来他所说的那些理论、知识点，跟他个人的生活是两张皮。学以致用，知行合一，对这些人来讲是不存在的，他们所谓学习的目的就是卖弄，用抽象词装专业，用专有名词吓唬人。他们在无事时的那种勤奋好学、伶牙俐齿、无所不知、永无败绩的聪明人形象，会在真正需要智慧的问题上被打回原形。这件事也很好理解，我们可以回想一下自己每一天的生活和工作，有哪些时候是必须用到那些高精尖的新知识的？并没有，绝大部分都是常识。

有一个很简单的标准来判断你遇到的某个人有没有真水平，那就是看他是不是在卖弄。真正有内涵的人不屑于卖弄，爱卖弄的人是因为他需要虚荣。因为他的生活实在乏善可陈，他急需别人的一通赞美来稳住局面。

各位读者可以回想一下，你认识的最厉害的人，他的成功是因为学了什么专业，拿了什么证书吗？他平时用到了什么专业的知识吗？他看起来什么都懂吗？不是，他只是认准了一个领域，通过长年累月的投入，积累了很多资源，获得了很多人的支持，然后他有了社会地位，获得了尊重，实现了个人价值。

所以，我们到底要学什么呢？你要了解很多先贤的经历，你需要参考很多历史的轨迹，你要学会降伏自己的情绪，你要努力认识真实的自己，你需要读很多书，经历很多事，思考很多问题。然后有一天你终于看明白了，想通透了，遇到一些事情就能够化解了。

这个认真生活、工作、思考、阅读的人生状态就叫作"学习"，而学习的最终目标就是为了发现更好的自己。你需要去学习某个专业，但你更要明白，你要学习哪个专业，最重要的是你要学会学习的方法，找到学习的状态，收获自信，磨炼性格。这才是你要的东西。所以不要再向外寻找答案了，没有人能够为你的人生提供答案。如果你有一颗虔诚的坚韧的要寻找答案的心，那你身边的人和事，会不断地给你灵感，你早晚会有答案的。在此期间走弯路是很正常的，甚至走好几年的弯路也很正常。首先你要把心头的这些杂念都抛掉，什么赚不赚钱，体不体面，有没有发展，不要想那么多，做你认为对的事情，而不是别人认为对的事情，这样即使你错了你也知道错在哪里了，这个错会成为你的精神营养，而不是愤恨的源头。

学历不是成功人生的必需品，但学习是。而读书，在其中占很大的比重。因为人生很短，你的圈子很小，你接触到优秀人物的概率很低，书籍是拉平思想资源的利器，可以让你足不出户也能领略优秀人物的思想魅力。

夜气清明

曰："向晦宴息，此亦造化常理。夜来天地混沌，形色俱泯，人亦耳目无所睹闻，众窍俱翕，此即良知收敛凝一时；天地既开，庶物露生，人亦耳目有所睹闻，众窍俱辟，此即良知妙用发生时。可见人心与天地一体。故'上下与天地同流'。今人不会宴息，夜来不是昏睡，即是妄思魇寐。"

先生说，入夜之后万籁俱寂，人也要进入睡眠状态，天地休息了，人也休息了；到了早上，清晨朝露，人从睡梦中醒来，天地开始运行，人也开始工作。所以，人和天是和谐一致的。但是人们搞乱了这个和谐的天人感应，晚上不好好睡，白天不好好活。

而我们现代人却很少把"人天和谐"当成一回事，搞乱了这个和谐的天人感应。

曰："睡时功夫如何用。"

先生曰："知昼即知夜矣。日间良知是顺应无滞的，夜间良知即是收敛凝一的，有梦即先兆。"

又曰："良知在夜气发的，方是本体，以其无物欲之杂也。学者要使事物纷扰之时，常如夜气一般，就是'通乎昼夜之道而知'。"

精神是工作生活的基础，心力是所有能力的核心。早睡早起不仅仅是一个作息习惯，而且是判断一个人人生状态的核心标志之一。

儒家有"夜气"的说法，就是说晚上是一个人给自己的精神充电的时刻。如果白天开开心心，坦坦荡荡的，那晚上睡觉自然就很踏实。睡醒了自然心明眼亮。为什么有人必须要在晚上刷手机打游戏，因为他白天的生活太空虚，他需要这些东西来麻醉自己……

这些人的元神散了，说什么做什么都如行尸走肉一般。就像一部电池用久了的手机，早上起床，还没出门，电量就快耗完了。他们习惯了那种低电量的昏昏沉沉的生活，害怕那种精力充沛却无所事事的感觉。

三省吾身

下面这些就是我自己的日课，是我每天临睡前问自己的问题，供大家参考。

我今天的精神状态如何？

我今天做了什么没有意义的事情吗？

我为什么会心神不宁？

我在焦虑什么？

我在恐惧什么？

我有没有得意忘形？

我有没有自怨自艾？

我今天跟人发生冲突了吗？为什么？

我为什么会生气？

我跟人说话时有没有吹牛、显摆？

别人说的哪句话让我心里不舒服？为什么？

我今天抱怨过什么事情吗？为什么？

我有没有看不起某个人？为什么？

我有没有以貌取人，从第一印象否定或者轻信一个人？

我在该下功夫的地方是不是在投机取巧？

我有没有在需要鼓起勇气的时候退缩并给自己找借口？

我有没有在别人看不到的地方敷衍了事？

我有没有说过什么不负责任的无心之语？

我有没有对别人品头论足？

我有没有苛责过别人，忽略过别人的感受？

我有没有闲思杂虑，做白日梦？

我有没有暴饮暴食？

我有没有纵欲过度？

我日间的功夫有没有间断？

我有没有羡慕过别人的财富？

我有没有嫉妒过别人的成功？

我有没有垂涎过美貌的女子？

我有没有嫌弃过父母的平凡、厌恶过老婆的刁蛮、失望过孩子的冥顽？

第六章

知 行 合 一

无法割裂的行为模式

知 的 本 质

比如你从网上给孩子买了一套DIY（需要自行安装）的玩具，这个时候你拿起说明书开始研究怎么安装。说明书代表的就是"知识"，而把玩具安装好则代表"行动"。你仔细思考一下，知识和行动之间是无缝对接的吗？有了说明书一定就会装好玩具吗？并不是。比如孩子的妈妈就不会，她不是不识字，但她就是不会拼。问题出在哪里了呢？这就涉及知行合一里面那个"知"的概念。它更倾向于知觉，而不是知识。看到说明书之后，我们要在脑子里勾画一种图景，然后使用不同的安装方法，在安装过程中不断体会零件的质感，然后渐渐明白玩具设计者的思路。这个过程就是知行合一的过程。

为什么有的孩子是学霸，有的孩子是"学渣"呢？学霸知道掌握新知的方法，他们轻车熟路，怡然自得。而"学渣"对于学习有习得性的无助，他们和知识之间失去了联结，他们的心和好好学习这件事没有建立联系。他们也曾尝试过知行合一，但由于自己的懒惰、家人的冷语等，最终只好放弃。后来，他们只能找同样学习不好的同学一起去排遣这种难熬的挫败感和空虚感。

阳明先生说："知之真切笃实处即是行；行之明觉精察处即是知。"也就是说，你在日常行为当中很用心，很专注，你知道自己在干什么，这样的话，你和你做的事情之间就建立了联系，这样的行动，就能够给你带来真知；而所谓的知，就是你对于做某件事的感觉已经深入心灵，遇到某件事马上就知道怎么做。这个知，就是能够指导行动的知。

阳明先生的心学为什么那么强调知行合一呢？按说这不是一个很简单的道理吗？先生说："只为世间有一种人，懵懵懂懂地任意去做，全不解思惟省察，也只是个冥行妄作，所以必说个知，方才行得是。又有一种人，茫茫荡荡悬空去思索，全不肯着实躬行，也只是个揣摸影响，所以说一个行，方才知得真。此是古人不得已补偏救弊的说话。若见得这个意时，即一言而足。"

我们在生活中知而不行、行而不知的时候太多了，多到我们都认为这是正常的。从古至今都是如此，所以先生强调知行合一以警醒世人。

知而不行

电视上有些演员饰演伟人的形象，演得很像但总是感觉差点什么，是的，真正伟人的气魄是无论如何都演不出来的。假装很努力地工作，假装很有规律地生活，怎么能演好呢？总有人说，懂得了这么多道理，却过不好这一生。原因在哪儿？答案就是：知而不行。真的懂得那些道理的人，他们喜欢自己的工作，感恩自己的生活，并且会付诸行动，真正全身心地投入到工作生活中，怎么会过不好这一生呢？而那些看似懂得很多道理却不知的人，只是摆出一种孜孜以求、求而不得的样子，骗自己骗别人罢了。

心只要正了，行动就没问题了。

在我看来，知行合一不是什么高深莫测的大学问，只是常识而已。阳明先生为什么一直强调知行合一呢？因为他那个年代知而不行的人太多了，看似懂得很多道理却不知的人，就更多了。他在讲知识的时候，台下就有人回复：道理是这个道理，但是做不到啊。我太理解他的感受了。《传习录》开篇，徐爱问："现在人们都知道对父亲应当孝顺，对年长的人应该有尊敬的礼节，但是事实上却不能完全做到，所以知和行分明是两件事。"先生说："你嘴上说着孝敬父母的话，摆出个孝敬父母的样子你就是孝敬父母了吗？"那些演孝子的演员是不是全天下最孝顺的人？你现在说的知和行不能统一的问题，是因为你的心已经被私欲隔断了。

"夫人必有欲食之心，然后知食，欲食之心即是意，即是行之始矣。食味之美恶，必待入口而后知，岂有不待入口而已先知食味之美恶者邪？必有欲行之心，然后知路，欲行之心即是意，即是行之始矣。路岐之险夷，必待身亲履历而后知，岂有不待身亲履历而已先知路岐之险夷者邪？"

这段话的意思是说："人有了想吃饭的心，才知道吃饭，想吃饭的念头就是意，就是行动的开始。吃到的东西的味道好坏，必须等到食物到嘴里之后才能知道，哪有东西还没吃到嘴里就知道味道好坏的？一定是有了想出行的心，才知道路，想出去的心就是意，意就是行路的开始。路好不好走，一定要等到上路之后才知道，哪有还没有上路就知道路的远近和是否危险呢？"

你会踢球吗？如果只是能把球踢出去，那不叫会踢球。对方球门前有多少防守队员？门将习惯往哪里扑？我方队员能不能接应上？踢出去的每一脚应该传给谁？这些问题，都是一瞬间的事情。你不可能在比赛当中，等球飞过来了，跟裁判说："先停一下，让我判断一下这个球该怎么停，该传给谁。"这可能吗？会踢球应该是你在熟练踢球一段时间后，脑子里形成了如何踢球的条件反射。就像足球明星梅西，他脑子里一瞬间的电光石火之后，脚下神来之笔的一脚劲射或者妙传，那才是会踢球的典型表现。在一场90分钟的足球赛里，他一直在知，一直在行。而在观众席上起哄的，充当事后诸葛亮的那些认为自己很"知"的球迷，其实他们大多都不知。

想 也 有 罪

先生曰："此须识我立言宗旨。今人学问，只因知、行分作两件，故有一念发动，虽是不善，然却未曾行，便不去禁止。我今说个'知行合一'，正要人晓得一念发动处，便即是行了。发动处有不善，就将这不善的念克倒了，须要彻根彻底，不使那一念不善潜伏在胸中。此是我立言宗旨。"

阳明先生认为，一念发动就是行。比如，一个人产生恶念不能认为它只是一个念头而掉以轻心，因为这个为恶的念头就已经是行了，必须立即克服，不使这个恶念潜伏心中。他的目的在于把人的道德意识和道德行为有机地统一起来，使人的思想、行为都能自觉地去致良知。从反省"我不该那么做"到反省"我不该那么想"，这就是知行合一的自省精神。

　　一个天天在浏览变态杀人网站的男生，一个天天在论坛里看如何对付婆婆的帖子的女生，你很难说这些人没有问题。

　　如果你内心对你的爱人、朋友、亲戚、同事充满了不解和怨恨，你已经在行了。因为这样的你，是不可能真正从内心生出爱的。当你在大街上羡慕别人鲜衣怒马的时候，你内心的天平已经倾斜；当你看到别人生意红火，赚了很多钱，就心生嫉妒，这时，你的内心已经开始作乱了。

　　你说，就算是想想也有错吗？有。因为这个念头就阻断了你用自己的双手创造美好生活的念头。见财起意、恶向胆边生之类的事情都不是凭空发生的，当事人一定是早在心理上就有了这样的念头。

名 与 实 对

阳明先生说："名与实对。务实之心重一分，则务名之心轻一分。全是务实之心，即全无务名之心。若务实之心如饥之求食，渴之求饮，安得更有工夫好名？"

一个不务实的人，是会被别人看出来的，尽管绝大部分没正事的人都在极力掩饰自己。朋友圈里发励志言论的，发加班状态的，并不证明他是个敬业的好员工，他只是希望让大家看到他这个状态。

当我们知道了这个道理之后，你再看到那些本来脑子空空，但是装得匆匆忙忙的人，就会觉得很可笑。

我在生活中见过这样的人，热衷于各类人际活动，别人的婚丧嫁娶、搬迁、开业等活动，他必到；所有的聚会应酬，不管有没有必要，他都出席。他把自己搞得很忙，天天喊着太累了。但是他从来不敢停下来，照顾一下自己的心。他需要那种忙碌热闹的状态来证明他还活着。

你可以认真回想一下，在生活当中，我们说的那些话，想的那些事，它们在我们内心最深处的动机是什么？很多时候我们的生活是没有被认真审视过的，我们有口无心，没心没肺。很多话都是不假思索，随口而出，或是出自自我维护的虚荣，只是我们不自知而已。如果能给自己装一个摄像头在身上，第二天回放一下，你就会知道这一天中你做了多少无意义的甚至很可笑的事情。原因就在于，务实之心太小。

你要是有宏大的理想，有热爱的事业，有用心去爱的家人，哪里有时间嚼舌头，哪里有时间猜忌别人啊。

必有事焉

这里有一个关于心学的核心概念，你要记下来，就是这八个字：必有事焉，勿忘勿助。什么意思呢？就是你必须时时处处做出适宜的事情，不能忘却也不能急于求成。你每天都很清楚自己在干什么，功夫不间断，你就做到了勿忘。而如果只是心血来潮地做一些跑步、读书和早起的计划，并没有坚持下去，那就是没有做到勿助。因为你人为地要加快成长进度，这个"人"字和"为"字和在一块，就是个"伪"字，伪就是不诚，不诚就走不远。

心学讲究"在事上磨"，它把所谓的修行和日常生活有机地结合在了一起，认为时时处处都可修行，一言一行都在成长。

勿忘勿助这四个字来自孟子。孟子说："必有事焉而勿正，心勿忘，勿助长也。"

王阳明解释说："我此间讲学，却只说个'必有事焉'，不说'勿忘勿助'。'必有事焉'者，只是时时去'集义'。若时时去用'必有事'的工夫，而或有时间断，此便是忘了，即须'勿忘'；时时去用'必有事'的工夫，而或有时欲速求效，此便是助了，即须'勿助'。其工夫全在'必有事焉'上用；'勿忘勿助'，只就其间提撕警觉而已。若是工夫原不间断，即不须更说勿忘；原不欲速求效，即不须更说勿助。此其工夫何等明白简易！何等洒脱自在！"

也就是说，阳明先生并不喜欢大家总在强调"勿忘勿助"，他觉得你只要做到了"必有事焉"，自然就"勿忘勿助"了。

"必有事焉"就是"集义"，"集义"指时时处处做出适宜的事情，"集义"就是"致良知"。说"集义"可能还让人一时摸不着头脑，说"致良知"就能让人当下找到用功之处。所以我专说"致良知"，随时在具体的事上致良知，就是格物。脚踏实地致良知，就是诚意。脚踏实地致良知而无丝毫的意、必、固、我，就是正心。脚踏实地致良知，则自然不会有"忘"的毛病；没有一毫的意、必、固、我，则自然没有"助"的毛病。

坐着没事的时候，心平气和，只要待人接物就开始心猿意马，甚至焦头烂额。我们看到很多所谓的修行人士，他们的道行在面对日常生活的挑战时一触即溃。就像拿传统武术做幌子的那些骗子，表演时一招一式很像那回事，一上台就露馅了。

阳明先生的学说为什么如此受人推崇，因为他本人就是文武全才。

懂得"必有事焉"这个道理的人，生活永远不会空虚无聊。即使你把他关在监狱里，他照样能够打造自己的精神世界。不是说永远有一个具体的事情去做，或者有一些人际关系需要去维护，而是说他的功夫永不停歇。他在静坐无事的时候也能够在意念里面练习左右互搏。

为学头脑

我总遇到这样的人，他们说，你把人生看得这么透，活着还有什么意思呢？人要是没有了七情六欲，活着还有什么意思呢？对他们来讲，你所谓的修行、成长，是没有意义的，是他不认可的，所以他就可以理所当然地对这些孜孜不倦成长的人保持一种很奇怪的优越感。

阳明先生也遇到过这样的人。有人问先生："知至然后可以言诚意，今天理人欲知之未尽，如何用得克己工夫？"

意思是说，完全了解天道之后才可以说诚意的工夫，在还没有完全明白天理私欲的时候，如何去下克制自己私欲的功夫呢？

先生说："若不用克己工夫，终日只是说话而已。天理终不自见，私欲亦终不自见。如人走路一般，走得一段，方认得一段；走到歧路处，有疑便问，问了又走，方渐能到得欲到之处。今人于已知之天理不肯存，已知之人欲不肯去，且只管愁不能尽知。只管闲讲，何益之有？且待克得自己无私可克，方愁不能尽知，亦未迟在。"

先生说的大概意思就是，你先去做吧，只说不做的人，最终只会成为一个"杠精"。

先生说过一个词叫作"为学头脑"，大概就是悟性、慧根的意思。传道之人总是希望能够点化世人，但是很多人暂时并不具备领悟这些伟大智慧的能力。也就是说，这个人缺少悟性、慧根。比如学开车，教练可以教你怎么换挡，怎么踩离合，有人悟性比较好，很快就和车建立了默契，而另外一些人怎么都找不到应有的感觉。所谓"师傅领进门，修行在个人"，就是这个道理。

阳明先生说的"为学头脑"，其实就是一个先顿后渐的方法。也就是说，你心里得先有点数，如果心里没数，有所得时也不知道所得为何，有所惑时也是迷迷糊糊不能精进。这就叫作"行不著，习不察"。

亲爱的读者们，现在你读到这里有什么样的感受呢？能不能理解阳明先生的话？有没有读着读着突然想掩卷沉思的时候？有没有突然感觉豁然开朗的时候？我写的这本书并不是什么学术著作，专业性不强，我希望自己坦诚地将自己对心学的理解呈现给大家，如果能与你的心灵有所碰撞，我就感到满足了。

自欺欺人

（阳明先生）又曰："诸君功夫，最不可助长。上智绝少，学者无超入圣人之理。一起一伏，一进一退，自是功夫节次。不可以我前日用得功夫了，今却不济，便要矫强做出一个没破绽的模样。这便是助长，连前些子功夫都坏了。此非小过。譬如行路的人遭一蹶跌，起来便走，不要欺人做那不曾跌倒的样子出来。诸君只要常常怀个'遁世无闷，不见是而无闷'之心，依此良知忍耐做去，不管人非笑，不管人毁谤，不管人荣辱，任他功夫有进有退，我只是这致良知的主宰不息，久久自然有得力处。一切外事亦自能不动。"又曰："人若着实用功，随人毁谤，随人欺慢，处处得益，处处是进德之资。若不用功，只是魔也，终被累倒。"

这段话的意思就是，做人不要不懂装懂，不要自欺欺人。修行成长是自己的事情，跟别人没有关系。要像那孩子一样，走路就走路，摔倒了，摔疼了就哭，不疼了就继续走；不要因为别人笑话自己就索性不走了，也不要因为别人鼓励自己而自大。

学走路这么简单的事，我们都能对自己充满耐心，而在心理自立上，我们为什么对自己这么苛责呢？因为大家都假装自己已经自立了，觉得自己成年了，在心理上就自立了。其实并没有，除非你自己意识到了什么叫作成长，否则你永远不可能成长。不自欺欺人，有一说一，接受一切才是成长的开始。

人终究是自己过自己的日子的。要接受自己间歇性踌躇满志的状态。写日记间断了，减肥没坚持下去，心情烦闷了，事情搞砸了，这都很正常，只要下次你又开始了，那上次的失败对你来讲就不算是失败，而是精神营养。

"遁世无闷，不见是而无闷"，也就是说，没有人知道我们的修为，没有人知道我们的境界。我们穿着最普通的衣服，行走在芸芸众生之中，只是每天在不间断地提升自己。当然，其间也会被世人看到我们成长过程中的狼狈样子。是的，我们笨拙缓慢，木讷简单，只有我们自己知道，我们在进步。有这个定力，也就妥了。

功夫不断

你见过那些穿着轮滑鞋传菜的服务员吗？你见过非洲那些头顶重物的妇女吗？好的，保持这种想象，我们在修炼时也是这种状态，时时处处不能倾倒，习惯性地举重若轻。别人看到我们颤颤巍巍，我们自己却怡然自得。

问："'逝者如斯'，是说自家心性活泼泼地否？"

先生曰："然。须要时时用致良知的功夫，方才活泼泼地，方才与他川水一般。若须臾间断，便与天地不相似。此是学问极至处，圣人也只如此。"

问先生："'逝者如斯'，这句话是说自己心性本体活泼泼的吗？"

先生说："是这样的。必须时刻用致良知的功夫，才能活泼，方能像川流不息的江水一般。如果有片刻的间断，就与天地生机活泼不相似了。这是做学问的关键，圣人也只是这样。"

就这一个不间断的功夫，就够我们初学者练很多天了。很多读者问我，为什么坚持不了，甚至有时连坚持都谈不上？因为真正的修炼应该是一刻不停的，而不是今天工作忙，先紧着正事办，明天放假了，等回来再说。

不知道你有没有过这种内心非常平静的经验，你做每一件事情的时候都是行云流水、妥妥当当的，没有懊恼，没有焦急。你的周身干净整洁、充满活力，你的言语有力量，你的微笑发自内心。你觉得你的人生就应该这样。

这就是我们要的"逝者如斯"的修行光景。

有心求异

朋友观书，多有摘议晦庵处。

先生曰："是有心求异，即不是。吾说与晦庵时有不同者，为入门下手处有毫厘千里之分，不得不辩。然吾心与晦庵之心，未尝异也。若其余文义解释得明当处，如何动得一字。"

同学们看书，经常把朱熹书上的话拿出来批评议论。先生不高兴了，说："你们如果存心找朱子的毛病，那就是你们的不是了。我和朱子的学说确实是有区别，主要是治学的入门下手处有毫厘千里之别，必须说清楚。但是我的初心和朱子的初心没有任何区别。比如，朱熹对文义解释的清晰准确之处，我又怎能动一个字呢？"

我们小时候上语文课，老师总是让我们辨析词义。长大了上班，领导和客户总是让我们分析不同方案之间的异同。于是我们养成了一心求异的习惯。所有的人、事、物，不辨析出来差别，好像就不足以显示我们的才智。学问上，我们热衷于中西学之辨；历史上，我们要争论谁是真英雄。恨不得把关公、秦琼拉一块打一架，来排定我们心目中的英雄座次。这样得出来的学问，都不是真学问。

不管是学朱熹，还是学阳明，如果认真去学，认真去做，都会有进步。事实上很多人只是在研究比较，文章写了一大堆，修行却无一分进步。就像心学领域，那些躬行的人反倒没有那么多言语，而一些学者洋洋洒洒几十万字，实际上知行合一却不曾做到。

第七章

慎 言 正 心

中正平和的君子操守

我大学毕业那年，曾短暂地做过一年大专英语老师。可能是教学工作太过于枯燥，当时我们教研室有一种很不好的风气，就是背后评论学生。一下课，老师们聚在一起，就开始竞相列举自己学生的事情。我觉得这样很不好，后来就选择了离开。

　　其实，这种情况存在于很多行业中。在商场，个别柜姐讽刺客户的寒酸抠门；在办事窗口，有的工作人员对民众的办事需求很不耐烦；在医院，有的医护人员不喜欢病人的刨根问底……

　　在这方面，一些媒体起了很坏的作用，他们为了流量，极尽讽刺挖苦之能事，深谙吸引眼球之套路。如果你身处这样一个庸俗暴戾的环境，你要勇敢地跟他们不一样。如果你还不够强大，那就先远离他们。如果你已经足够强大，那就去影响他们。你放心，只要你的出发点够正，心意够诚，你就能影响他们，因为你在和他们内心的良知对话，你会成为这个群体的精神核心。

诚以待人，敬以执事。如果内心没有这一点正气，你学的所有的专业知识、工作技能都无法为你的人生提供更好的帮助。"群居终日，言不及义，好行小慧，难矣哉。"孔老夫子在说这句话的时候，是在对他学生当中的那些口无遮拦、卖弄聪明的人摇头叹息。

想想看，你天天待在一个宝妈群里，听大家一起吐槽她们的婆婆，你怎么会感恩婆婆的付出，怎么能搞好婆媳关系呢？你天天在酒桌上咒骂老板，哀叹行业低迷，然后转过头来问我，为什么不喜欢现在的工作？这叫人如何回答呢？

注意你的语言，它将变成你的行动。每个词语都有它潜意识的感情色彩，善恶之分。你要小心翼翼地筛选从你口中说出的每一句话。

君子气象

阳明先生也会生气。有一次他在听一个弟子讲近日学习的心得。有个旁听的弟子叫孟源，孟源说："此方是寻着源旧时家当。"意思是说，你现在懂的这些东西，我早就懂了。阳明先生说："尔病又发。"先生知道这个人平时就爱嗦瑟，所以这么说他。孟源脸上就很不好看，急忙准备辩解。先生又说一句："尔病又发。"在先生看来，这是孟源一生的大病根。

什么病根？好名。懂了点什么生怕别人不知道，干了点什么生怕没功劳。

修行之人应该是什么样子呢？阳明先生说："精神、道德、言动，大率收敛为主，发散是不得已，天、地、人、物皆然。"我们揣摩一下"收敛"这两个字，感受一下。所谓收敛，其实就是我们所说的谦谦君子。

试看身边的那些高人，不管是做企业的、做学问的，还是从政的，大都不事张扬，他们穿着朴素，言谈随和，行事低调。他们表面上看似波澜不惊，但是内心万象森然。

我们家楼下有个便利店，店主是一对中年夫妇，听口音似是从外地来的。两口子说话做事永远是干干净净、客客气气的，店面的陈列也永远一尘不染。再看他们家的孩子，平时就在店里写作业，从小学到初中，我没见过他们朝孩子喊骂过一次。我觉得他们和那些嘴里叼着烟、跷着二郎腿、埋头在手机上玩斗地主的店主不一样。这家店主呈现的就是君子气象。

　　修行就是个做减法的过程，就像收拾屋子。你想一下你收拾屋子的动作，把一件东西拿起来看一看、擦一擦，然后规整地放在柜子里盒子里。我们的念头、情感就是这个心房里面的物件，经常把它们拿起来，看一看、擦一擦，没用的扔一扔。这就是修行。

　　其实先生说的这些，不是什么玄妙的大道理。为什么觉得很难做到？道不远人，只是人疏远了道而已。

　　比如过春节，每年春节假期以后，很多人都在后悔，说过春节太累了，生物钟颠倒，胡吃海塞，花了很多钱，上班之后好多天找不到状态。真的不能改变吗？行止收敛，心有主宰地在家陪父母陪孩子能做到吗？好像很难。

　　什么是格物致知？就是把心中的一些念头经常拿出来格一格，看看哪些是欲望，哪些是恐惧，哪些要面对，哪些要放下。

多 言 致 祸

　　多言致祸，这个传统观念在当下受到了很大的挑战。能言善辩、咄咄逼人都被某些人当成了优点，甚至还有人专门比较中国的学生和欧洲一些国家的学生，说后者更善于表现自己，所以获得了更多的资源，而中国学生太羞涩，不善于表达，所以表现欠佳。这真是滑天下之大稽。

　　《论语》里面有这么一段：

　　司马牛问仁，子曰："仁者，其言也讱。"曰："其言也讱，斯谓之仁已乎？"子曰："为之难，言之得无讱乎？"

　　意思是，司马牛问什么是仁，孔子说："仁者，他的言语显得谨慎。"司马牛说："言语谨慎，这就可以称作仁了吗？"孔子说："做起来难，说话能不谨慎吗？"

　　这才是中华文化当中"少言"的底层逻辑。少说话是因为事情做起来太难。为什么事情难就得少言？因为我们是讲究"言必行，行必果"的。

　　如果真的明白了这个道理，你就能想明白，为什么我们见过的那些大人物大都惜语少言了，因为每句话都是责任啊。

　　有这么一句话：智者说话是因为他有话要说，愚者说话是因为他想说。语言表达有很多功能，比如传递思想、发送信息、发泄情绪、寻求同情、彰显优越感等。很多人说话喋喋不休，不经过大脑，对这部分人而言，口中之言和腹中之气是一样的，需要排放出去而已。为什么言多必失呢？因为话头一多，就容易搂不住了，那些话就不再是发自内心的了。阳明先生说："言语无序，亦足以见心之不存。"

先生的意思是，说话颠来倒去，也足以说明这个人没有存养本心。每个人都可以扪心自问一下，自己在跟别人说话的时候、开会发言的时候，是不是语无伦次，不知所云。这表面上是逻辑问题，实际上是存养问题。如果一件事想明白了，那一定是能说明白的，如果一件事你说不明白，那就证明你的心在这件事上是乱的。你有很多想要表达的东西，但你不会提炼重点，中间还夹杂着各种私欲，比如要讨好对方，要显摆自己的学识等，这些都会让你的谈话如堕五里雾中。

如果你想锻炼自己的说话能力，你可以试着准备一篇发言稿，将自己的语言梳理清楚。梳理语言的过程就是整理思想的过程。道理想得越透彻，你的语言就会越精练。

矜持直率

门人在座，有动止甚矜持者。先生曰："人若矜持太过，终是有弊。"

曰："矜持太过，如何有弊？"

曰："人只有许多精神，若专在容貌上用功，则于中心照管不及者多矣。"

有太直率者。先生曰："如今讲此学，却外面全不检束，又分心与事为二矣。"

在上面这一段话中，阳明先生在给我们讲日常的仪表行止的规范。做人不要太矜持，也不要太放飞自我，不要在没必要的决策上花太多的时间和精力，否则"于中心照管不及者多矣"。试看一下那些成功的企业家，比如乔布斯、扎克伯格等，为什么这些人平时只穿一些基本款的衣服呢？因为他们需要更多的精力去做其他事，而避免把精力浪费在穿衣打扮这些事上。

一个人的外在形象固然重要，但如果一个人太注意自己的外在形象，天天花很多心思在琢磨别人会怎样看自己这个问题上，那么，这样的人就很难存养他的本心。这句话大家可以拿来分析自己身边的人。那些对别人的眼光很在意，谨小慎微，勉力应付的人，他是静不下来的，也看不到自己的内心。

而另一个极端，不修边幅、大大咧咧也是德行不到家的表现。正常人当然知道什么样的姿态是得体的，也知道怎么样才能让自己的仪容仪表看起来自然平和。把自己收拾得干净整洁，这是我们每天应该做的事情，如果因为自己的不修边幅对别人造成了困扰，然后自己还不去修正，就表明他在生活中是一个没有修行的人。

无 恶 即 善

黄勉叔问："心无恶念时，此心空空荡荡的，不知亦须存个善念否？"

先生曰："既去恶念，便是善念，便复心之本体矣。譬如日光被云来遮蔽，云去光已复矣。若恶念既去，又要存个善念，即是日光之中添燃一灯。"

无善无恶心之体，这是心学的基本判定。就是说，心的本身是没有善恶的，这种没有善恶的心之本体就叫作"至善"。这里先生用了一个很精妙的比喻，他说，如果你的心底已经是廓然大公的至善了，你还要去思善，那就相当于在太阳光里面添了一盏灯，没必要，很可笑。

　　这个很可笑的状态，就是很多吃斋念佛的人想不明白的地方。他们一直在心里默念"我要行善，我要行善……"结果丢失了原则，泯灭了判断力，反倒成了恶。还有很多女孩子在谈恋爱的时候，为这份感情倾注了很多让她自己感动的心血，自以为是为对方好，然而这不是善，因为你给对方带来了压力。她们的执念，包含着要对方对等付出的潜在要求，所以这是恶。

　　这里就要说一下心学和佛道两家的核心区别。道家讲虚无，佛家讲性空，教人脱离了人伦，去参禅打坐，去六根清净。心学不然，它承认人的正常亲情，它认为追求事业的社会活动都是正常的，是包含在这个"至善"概念里的。这样一下子就消除了个人修为和日常生活的对立感。

　　学生问阳明先生，我把门口这棵草除了，这是善是恶？按照佛家的说法那就是恶，但是阳明先生说，如果你觉得草妨碍你了，你把它除去也无妨；如果它不妨碍你，那你留着它也无妨，只要听从你的良知的指引就可以了。注意，关键是后面这一句，先生说不管是除还是不除，你这个念头起了，然后你做了，这件事就完了。如果你心里一直想着"我要斩草除根，差一棵没除掉都不行"，你心有挂念，这就是恶。看明白了吗，这就是心学的善恶观。只要是发自本心的，出自良知的，随它行去就是至善。加上一点点私意就是恶。不管这个私意你认为是善还是恶，它都是恶。

再举一个例子。比如一个屠夫，他的日常工作就是杀猪。在佛家眼里，这就是杀生，就是恶行。但是从心学的视角来看，这个屠夫只要不是在滥杀或者抱有仇恨之心去杀戮，那他就是在做他应该做的事情，这就没什么好谴责的。

贵目贱心

假如你是做生意的，原来做得挺好，志得意满，现在负债了，心灰意冷。这是从你自己的视角来描述这件事。如果你们家养了一条狗，那么对于这条狗而言，它并不了解作为主人的你发生了什么，它看你还是在吃一样的饭，穿一样的衣服，像往日一样出门，像往日一样回家。对于这条狗来说，它很难理解自己的主人没病没灾、饿不着又冻不着，却为何如此痛苦，甚至想结束自己的生命。是啊，除了在某个银行某个数据库里跟你名字有关的某条数据上面标了红线之外，对于你来说，还有什么事情发生吗？没有。所以你为何如此忧愁呢？

《传习录》里有这么一段话："有一学者病目，戚戚甚忧，先生曰：'尔乃贵目贱心。'"原文就这么几个字，是不是给我们开启了一个全新的看问题的窗口？类似贵目贱心这样的事，我们干得还少吗？比如贵财贱心、贵色贱心、贵貌贱心、贵车贱心、贵房贱心、贵物贱心……

诸君试看，现在马路上是不是每天还在上演这样的闹剧：两个车主因为一点小剐蹭的事情指天骂地乃至拳脚相加？这难道不是贵车贱心的典型案例吗？

反观自己，我们是不是时时置身于这样的荒谬之中？为那些生不带来、死不带去的外物焦虑彷徨，患得患失。

每当我看到"某个孩子因为学业压力选择轻生""某位教师为了评职称钩心斗角甚至打击报复""某个女孩儿因为失恋而寻死觅活""某个老板因为生意失败而跳楼自杀"的新闻，都觉得很荒谬。

请记住，你的每一次贵目贱心，就在心里埋下了一颗恶的种子。心灵上的灰尘你不主动去扫，它不会自动脱落。一恶不除而众恶相引来。如果你旁观过别人家两口子吵架，你会想不通，为了一点破事用得着这么激动吗？平时温文尔雅的大哥、知性淑女的嫂子到哪里去了，为什么会变成这样？其实，这没什么好奇怪的，这就是众恶相引导致的恶行大爆发而已。再想想平时的我们为什么会情绪低落？为什么会提不起精神？为什么会抑郁？大都是这些"行不著，习不察"的日常行为导致的结果罢了。

降 服 情 绪

如果人们能够把花在无谓的情绪波动上面的时间和心力节省下来，那该是多么巨大的一笔社会财富啊。但是人们对于情绪的认知如此偏颇，对于驾驭情绪的希望如此渺茫，这实在是一件让人痛心的事情。

情绪，即我们所说的喜怒哀乐，细分一下有很多种，比如哀伤、悲痛、恐惧、焦虑、暴怒、嫉妒、得意、骄傲、焦急、轻慢、狂喜、沉迷等。情绪中间那条线叫作"中正平和"，而这些表现出来的情绪都是偏离中间线的，要不往左偏，要不就向右偏。

管理情绪难不难呢？难，否则也不会有那么多的因情绪引起的事件了。简单吗？也简单。你只要坚信并实践，就一定能做到。在我们要驾驭的人格特质包括欲望、情感、认知等因素里面，控制情绪是最容易做到的，前提是你要能看到它。

比如早上开车来上班，我发现平常走的那条路比较拥堵，我就拐到另外一条路上，没想到，这条路堵得更严重。这时候，一种愤恨焦虑的情绪就涌起来了。我焦急地把脑袋探出车窗往前看，心里开始一系列抱怨："早知道应该走那条路""这什么时候才能到啊""是哪个笨蛋又出了车祸"……不知不觉间，我内心的负面情绪开始大量复制，影响了我一整天的心情。如果能觉察到这些情绪，我就会在念头起的当下告诉自己："现在我已经在最优路线上了，最坏的结果是堵上半个多小时，这个结果我能接受吗？能，好的，那就放下。"看见它、接受它、处理它、放下它，是不是很简单？熟能生巧而已。这就像学开车，开车是通过训练养成肌肉记忆，而控制情绪是通过训练养成意念记忆。

那为什么很多人做不到呢？因为我们常常被私欲控制，

尤其是在几种不同的情绪同时涌来的时候。比如你在学校进行一场考试，你平时学得不好，没信心能考过；同时你又发现监考不严。你想作弊，但是你的良知又告诉你这样做不对。所以你很焦虑，脑海里一直浮现作弊被抓的场景。要应对这种焦虑，用上面说的那种方法是不管用的，因为你放不下。你既想投机取巧，又想问心无愧；在心理上要追求卓越，在行动上又忍不住随波逐流。这是一个人价值观深处的斗争，不是浅层的情绪，你没有办法控制。

再举个例子，比如辅导孩子学习，很多家长为此很抓狂。为什么抓狂呢？因为孩子成绩不好。为什么孩子成绩不好，家长就会气急败坏呢？因为孩子成绩不好，会让家长很丢脸；孩子可能考不上好的大学，会让家长很懊恼；孩子不能出人头地，会让家长很绝望。也就是说，家长关心孩子成长的良知被自己的私欲所阻断了，而家长并不自知。说到底，人的焦虑、纠结、压力、失望等情绪问题，其实都是价值观问题。如果一个人内心没有笃定的信念，总是被各种私欲所操纵，那么生活会陷入一团乱麻的状态。

我们常说"君子坦荡荡，小人长戚戚"，长戚戚就是苟且的代价。如果你是一个不思进取、随波逐流的人，那么你的人生不可能不焦虑、少烦恼；如果你贪图声色犬马的享受，就不要奢望心如止水的状态；如果你什么都不舍得放弃，就要忍受来自四面八方的压力。

阳明先生说："虚灵不昧，众理具而万事出。"

这句话的意思是，当心达到"纯然天理"的状态时，万事万物的道理就会自动显现。所以解决情绪问题，请从内心开始。诚其心而正其意，格其物而致其知。

怒 火 中 烧

你在单位上班，一个同事口无遮拦地伤害了你，即使他向你道歉了，你的情绪仍然没有放过你。当你晚上回到家躺在床上，你还是气得睡不着。那个让你生气的人已经安然入睡，但是你睡不着，你一直在脑海里"放电影"。他这个人为什么这样，他是不是故意的？是的，他一定是故意的。他为什么会故意针对我？是我哪里做得不对？我为什么如此懦弱，到哪里都被人针对？太丢脸了。

冷静下来分析一下，我们将"这个同事出言不逊"称为A事件，将"你认为他说的话是一种侮辱或者伤害"称为B

事件，将"你愤怒暴躁"这个结果称为 C 事件。事情的经过是 B 引起了 C 对吧？但事实是，你一直在找 A 的毛病。

再举个例子。假如你是公司的领导，正在办公室里专心工作。这时候有个员工冒失地推门进来，你很生气，抱怨这个员工没教养，不知道要先敲门。在你的逻辑链条里，因为员工不敲门，所以你很生气，这理所当然。但事实并不是这样。事实的逻辑是，这个员工因为没有正当的理由闯入你的办公室，让你作为领导的尊严受到了侵犯，所以你的怒气就起来了。但如果是你的顶头上司推门进来，你还会发怒吗？如果是消防人员推门进来告知你大厦着火了，让你赶紧走，你是生气还是感激？如果你今天刚被提拔为副总裁，心情大好，你还会发火吗？所以这份情绪里隐藏着你的自尊，把它拿掉就可以了。员工不敲门进来，你的做法应该是，告诉他要懂礼貌，不要轻易打扰别人，这就可以了。你怒火中烧这件事根本没有必要发生。

生活中，被人骂到了痛处，被人惹怒等事情太多见了。遇到这些事情时，不怕念起，只怕觉迟。所以只要在第一时间看到你的情绪，并将其控制住就好了。所谓圣人，并不是没有七情六欲的人，而是能够及时觉知并保持中正平和的人。正如阳明先生所说："如今于凡忿懥等件，只是个物来顺应，不要着一分心思，便心体廓然大公，得其本体之正了。"

心 如 止 水

　　有一种迅速控制情绪的方法叫作"主题分离法"，这个方法可以用在工作生活中的很多场合，它能让你那些想不通、看不惯、压不住火的问题，瞬间变得清晰明亮起来。举例说明：你的上司在工作中总是找你的碴儿，或者把功劳揽在他自己头上，把过错推到你的身上。你对此很不爽，这时候，你可以将"上司"这个概念和你上司这个人分离开。你在公司工作是为了自己的事业，所谓的"上司"是你和公司其他部门协作共同完成目标的重要纽带，所以和上司保持良好的关系这件事本身就是你的工作内容之一。你要尊重你的上司，但可以和扮演你的上司角色的这个人分离开。这样问题就解决了。

　　再比如，你在马路上开着车，一个有路怒症的人别了你的车，还冲你发火，你可以用"主题分离法"告诉自己："现在是一团暴怒的情绪在挑战我，不要理它就行了。那个人只是被情绪控制的可怜的傀儡而已，我要选择怜悯他，放过他。"

　　所以生活中遇到的绝大部分情绪问题、沟通问题，那些委屈、不理解，都可以用这种方法进行化解。这样一个简单的思维方法，如果能熟练运用，能让你解决 90% 以上的情绪难题，让你基本能做到心如止水，行为得当。

今天我要说的重点是，为什么这么浅显的道理，很多人却做不到。他们之所以做不到，原因就四个字：心无主宰。他们的人生没有方向，他们的内心没有信念。换句话说，他们不知道为什么要用"主题分离法"，说到底还是想不通为什么要用这样的办法来委屈自己。他们脑子里有很多似是而非的概念，他在这些念头中间摇摆、煎熬，最终功亏一篑。因为他不知道他的人生要什么，所以他的价值体系紊乱，决策竟无章法可循。

阳明先生为什么被贬贵州龙场？因为他得罪了当朝的大太监刘瑾，正德皇帝听信了刘瑾的谗言，将他发配到了贵州龙场驿。正德皇帝和刘瑾是阳明先生的上司，而阳明先生要实现他为生民立命，为天地立心的理想，就要维护这个还不至于太坏的大明王朝。所以在这种大理想下，他个人的委屈就不值一提了。

我们很多人的人生就是缺了这个大理想。他们受不得委屈，想不通问题，做了点贡献生怕别人不知道，被人争了功就开始哀叹这个世道险恶，他不知道这都是他内心贪慕虚名的那个小人在发言，误以为自己刚正不阿，在为民请愿。

当夫妻两人吵架时，有人劝解他（她），让他（她）包容婚姻中另一半，他（她）就冒火："为什么必须是我包容他（她），而不是他（她）包容我？"他（她）从来没有想明白，一个健康的稳定的婚姻，一段能够让夫妻双方都不断成长的亲密关系，是多么珍贵的人生馈赠。他没有打造幸福婚姻的信念，所以不管你怎么说，他最终听不进去。

从这个意义上来讲，人是需要顿悟的。能想明白的一通百通，想不明白的永远在原地打转。

悔悟去病

这个世界有两种人：一种人觉得自己永远都对；一种人觉得自己永远都错。前一种人，他早晚将受到这个世界的惩罚；后一种人，他天天都在接受自己的惩罚。悔恨就是这种惩罚，是过去的自己在粗暴地惩罚将来的自己。

我们总说悔恨，其实悔和恨不是一回事。前者是反思，后者是排斥。把这两个字混在一起，经常会让我们颠倒因果。比如某网站评选的人生十大憾事排行榜上，未能珍惜年少时光，没考上好大学导致此生碌碌无为这一项排第一位。这就是明显的归因错误。当初未能好好学习，和现在的碌碌无为并不是因果关系，它们都是果，它们共同的原因是自己的不思进取。所以这个十大憾事之首表达的不是悔，是恨。恨当初的自己，同时恨现在的处境。

我们总是悔得不够，而恨得太多。我大学时期曾经有一段时间沉迷游戏，每天晚上都去网吧玩通宵，然后在每个清冷的早上，顶着油腻的头发和混乱的头脑回宿舍。有时我非常后悔，觉得自己对不起父母的养育之恩，发誓再也不玩了。但是一到晚上，却又鬼使神差地去了。现在想来，那也不是悔，那只是恨。

女人跟自己的老公吵架时，咬牙切齿地说自己当初怎么就嫁了这么个人。这个不是悔，也是恨。如果是悔，那她的着眼点就不应该是当初嫁给他这件事，而是为什么要做出嫁给他的这个决定。

悔贵在诚，口口声声说自己再也不敢了，那不叫悔，那叫怕。真正的悔，是用实际行动去改正，切实改掉自己的不足之处。

先生说："悔悟是去病之药，然以改之为贵。"真的能改吗？太难了。"江山易改，本性难移"嘛。

孔老夫子说："唯上知与下愚不移。"阳明先生说："不是不可移，只是不肯移。"

何 为 宽 容

我老婆有个毛病，她喜欢用食品包装袋代替垃圾袋。就是把从市场上买菜带回来的塑料袋套在垃圾筒上当垃圾袋，这种塑料袋一般都比较小，所以经常只是套了垃圾筒的一半，看起来非常难受。我跟她说了很多遍，抱怨她为什么不用买回来的垃圾袋，但没有用，她还是习惯性地去做。

每次看到她那样做，我就很生气。我不明白她为什么会有这样一种习惯。虽然这是她勤俭持家的一个小技巧，但我总感觉，她这么做似乎是在提醒我，我们来自一个贫穷的家庭。我不喜欢这种感觉。

当我直面自己的内心时，我想通了。我发现这对她来讲只是一个很正常的习惯，她并不知道这个习惯竟会对我造成那么大的困扰。而我的这些心理活动、这些无端的懊恼只是我自己臆想出来的。她的做法并没有针对我，我却无端平添了许多烦恼。其实，我只要不动声色地把一个新的垃圾袋套上，这个问题就解决了，但是我却选择在其中纠结，让这种情绪在我的内心发酵，甚至开始质疑我这十多年的婚姻。

偏狭的毛病，每个人都有，佛家叫作"着相"。比如套垃圾袋这件事，我可以找很多道理来论证我是对的，但是对这件事的执着本身却是错的。

我们要经受多少挫折，才能明白自己不是这个世界的中心；我们要反思多少个夜晚，才能承认那个梗着脖子不服软的性格的内核只是自卑；我们要具备多少慧根，才能明白接受现实是多么重要的一种素质。

生活一直在变着法地挑衅我们，给我们制造一大堆问题。面对命运的刁难，有时候你付之一笑，也许是最好的解决办法。

忙而不乱

"天地气机，元无一息之停。然有个主宰，故不先不后，不急不缓。虽千变万化，而主宰常定。人得此而生。若主宰定时，与天运一般不息，虽酬酢万变，常是从容自在，所谓'天君泰然，百体从令'。若无主宰，便只是这气奔放，如何不忙？"

有学生问阳明先生，为什么人们越来越忙？先生说，那是因为你的心没有主宰。有了主宰，你自然会从容自在，"天君泰然，百体从令"。如果没有主宰，只是每日忙碌，就会导致工作失序，生活失据。没有主宰的闲，会让人心生恐惧，感觉随时都会被同龄人抛弃。

于是，人们制订了各种工作和时间管理计划，戴着耳机跑步，抱着笔记本去星巴克……把每天的时间分成很多小块，希望无限切割的每一块时间都能发挥最大的价值。他们看似充实地利用每一分钟，但有没有想过，上一件事情留下的焦虑还在那里发酵，你就强拖着自己的身体去赶赴下一个场景，那能坚持得了吗？

有很多年轻人忙于做副业，说什么"副业刚需"。

为什么会有副业刚需？那是因为你的主业没有做好，你没有信心在主业上做出成就，也没有决心在生涯上做出改变，只能寄希望于别人给的一根救命稻草，所以抓一个副业在手里。

至于时间管理，是管理时间，而不是被时间管理。要和时间交朋友，而不是把时间当对手。我们要学会分清一天中的哪个部分是在创造价值，哪个时间段是在养其本心。如果能够创造价值的那一部分得到了滋养，日渐壮大，那它会给我们足够的荫蔽，我们的个人生活、家人的幸福，都会因此发生质的改变。

溜须拍马

洪又言："今日要见人品高下最易。"先生曰："何以见之？"对曰："先生譬如泰山在前，有不知仰者，须是无目人。"先生曰："泰山不如平地大，平地有何可见？"先生一言剪裁，剖破终年为外好高之病，在座者莫不悚惧。

学生奉承阳明先生说："老师您的德行学问，就像泰山一样伟岸，如果在您面前还不知道仰望尊敬的，那一定是个睁眼瞎。"阳明先生说："泰山不及平地广阔，但你又能看到平地什么呢？"学生感到羞愧。

能识别出阿谀逢迎的人，并毫不客气地制止他，能做到这件事的人，一定是有很高的修为。因为要识别出阿谀逢迎的人，需要有自知之明；要制止阿谀逢迎的行为，需要有克己之功。而这两者，皆不易得。

每个人的内心都需要被认可、欣赏甚至仰慕，这就是阳明先生说的"求名之心"。它长时间潜伏在我们内心，我们甚至都忘了它的存在，而它一旦被满足，又会令我们感到无比的满足。

"王哥，我一看你这个人就是仗义。"这个被恭维的王哥，可能就是个非常普通的中年大叔，他在单位怕领导，回家怕老婆，活得唯唯诺诺，委曲求全。总之，在生活中他似乎没有什么值得称赞的地方，所以他太渴望别人的认同了。而这句恭维话就一下子戳中了他的心田。

"张总，您做生意大气有格局，一定会越做越大。"这个人可能就是一介无名小贩。他从来没有被人称呼过"张总"，但是这并不妨碍他的内心有渴望被仰慕的梦想。别人说他有格局，这一点是他最看重的。

而遇到这样的恭维之词，你的内心要过滤一下，防止被别有用心之人利用。

反求诸己

一友常易动气责人。先生警之曰："学须反己。若徒责人，只见得人不是，不见自己非；若能反己，方见自己有许多未尽处，奚暇责人？舜能化得象的傲，其机括只是不见象的不是。若舜只要正他的奸恶，就见得象的不是矣。象是傲人，必不肯相下，如何感化得他？"

曰："你今后只不要去论人之是非，凡当责辩人时，就把做一件大己私，克去方可。"

这段话的意思是什么呢？

有一个学生经常动气指责别人。先生说："要成长，需要从自身找原因。如果只关注别人，那就只能看见别人的不足，而看不见自己的问题；如果能够从自身找原因，那你就能看见很多自己的问题，哪里还有时间去管别人？

舜帝能够化解他的弟弟象的傲气，关键就在于他并不去看象做得不对的地方。如果舜一心想的是要改正象的恶行，那就满眼都是他的问题。但是象本人又是个很傲的人，你天天说他的不足，他能听你的吗？你怎么感化他？"

先生对这个学生说："你今后不要去议论别人的是非，只要想议论别人的时候，就把这个念头当作一件大的私欲来克服。"

先生曰："凡朋友问难，纵有浅近粗疏，或露才扬己，皆是病发，当因其病而药之可也，不可便怀鄙薄之心。非君子与人为善之心矣。"

先生说："凡是朋友讨论，纵然有人表达的观点浅近粗疏，有人炫耀自己的知识才干，都是毛病发作，都应当对症下药，自己不可以怀有鄙夷之心。有鄙夷之心，就不是君子与人为善之心了。"

我在读到这部分的时候，一开始心里想的是，这个得给那些"杠精"好好看看，他们太能杠了。但是马上我就发现我这个念头的大问题，那就是"鄙薄之心"，我在持有这个念头的时候，我是看不起那些"杠精"的。我在视频里说男人应该顾家，有些女性粉丝看到之后就赶紧转发给她们的老公，说你看看人家主播是怎么说的。这样做是不对的，因为这样做的效果往往适得其反。这种居高临下的，恨不得把自己的想法装到对方的脑子里的念头本身就是错的。别人是否能够成长，是否能够认识到自己的错误，是别人自己的事情。不管你和当事人有多么亲近，你都不是他。当你脑子里装着一个"你必须这样做，你那样做不对"这样的执念，去责问别人的时候，事情就不会朝着你希望的方向发展。

忠恕二字中的"恕"字，是我们融入人群、理解世界的终极法则。所以我们应该接纳"杠精"的存在，理解"杠精"的心理，召唤"杠精"的良知。他们只是为了显示自己，希望得到别人的认可及那种被人关注的感觉，他太需要这个了，所以我们给他尊重又何妨。

拖 延 问 题

拖延的最大坏处不是耽误，而是会使自己变得犹豫，甚至丧失信心。不管什么事，决定了就立刻去做，这本身就能使人生气勃勃，保持一种主动和快乐的心情。养成一个好的行为习惯，会带来更多好的行为习惯，日积月累，人就变得优秀起来。养成一个坏的行为习惯，会带来更多坏的行为习惯，长此以往，人就变得颓废不堪。

为什么我们会常常感到煎熬？其根源在于我们从小受到的教育，不允许我们出现悠闲自得的心理。我们常常被一些人、一些事裹挟着往前奔跑。我们都体会过清醒而无所事事的感觉，那是非常难熬的，所以很多人会沉迷于比如酗酒、游戏、打麻将、刷手机之类的事情之中。

要根治拖延症，不能从拖延症本身着手，因为它的病根叫作"重症心无力"。

我们之所以拖延，是因为一个人和他要做的事情之间没有建立反馈机制，他做不到知行合一。也就是说，他根本不会学习，不会工作。你可能会说，我怎么不会学习，我就是懒，学不进去。不，你不知道你和学习这件事没有做到知行合一，你对学习没有感觉，没有亲近，没有渴望，没有默契。你每一次读书都要通过给自己施加压力才能实现。

为什么饿了就去吃饭这件事不存在拖延症呢？因为你饿的感觉很真实，去吃美食的渴望也很真实。为什么在工作、学习这些正事上做不到知行合一呢？因为你的心被私欲阻断了。小时候学习是为了好成绩，长大了工作是为了多赚钱。我们从来不相信这些事是可以发自内心的。我们只相信没有压力就没有动力，所以人生只是持续地接受压迫。从这个意义上来讲，所谓拖延症只是绝望的反抗，一种习得性无助。

这是一个悲伤的结论，那就是很多人终身没有办法摆脱拖延症，因为他一辈子都在做别人认为他应该做的事情，就像一个被强迫去游泳的旱鸭子。而且他还必须假装和大家一样，所以他就学会了划水，工作划水，生活划水。

那些傻一点的人因为没心没肺，所以不觉得苦、累，而那些又聪明又缺乏勇气的人将终身在煎熬中度过。

请记住，拖延症是一个深刻的人生哲学问题，而不是一个生活技巧问题。其实，根本没有拖延这回事，拖延只是因为这件事你不想干。所以关键是，去找到你想干的事情，或者重新定义你正在做的这件事的意义。

第八章

在 事 上 磨

枯坐参禅不是心学的目标

此 学 甚 好

有一属官，因久听讲先生之学，曰："此学甚好，只是簿书讼狱繁难，不得为学。"

先生闻之，曰："我何尝教尔离了簿书讼狱悬空去讲学？尔既有官司之事，便从官司的事上为学，才是真格物。如问一词讼，不可因其应对无状，起个怒心；不可因他言语圆转，生个喜心；不可恶其嘱托，加意治之；不可因其请求，屈意从之；不可因自己事务烦冗，随意苟且断之；不可因旁人潜毁罗织，随人意思处之。这许多意思皆私，只尔自知，须精细省察克治，惟恐此心有一毫偏倚，杜人是非。这便是格物致知。簿书讼狱之间，无非实学。若离了事物为学，却是着空。"

这两段话是什么意思呢？

有一位属官，长期听先生讲学，说："这个学说倒是好，只是处理公文、诉讼断案繁杂困难，没时间去学。"

先生听后，说："我何尝教你脱离公文和诉讼悬空去讲学？你既然有官司需要处理，就从官司的事上用功，才是真的格物。比如审案，不可以因为当事人应对不当，就起个怒心；不可以因为他言辞动听，就生个喜心；不可以因为厌恶他的嘱托，就专门惩治他；不可以因为他求情，就屈意答应他；不可以因为自己事务繁忙，就随意苟且判决；不可以因为其他人诬陷，就随着他们的意思处理。这里面有很多意念心思都是私意，只有你自己知道，必须精细省察克治，唯恐因为自己心中的一毫偏倚而错判误判。这便是格物致知。文书断案等事情，都是实学。如果离开了具体的事情而用功，就是不切实际了。"

在这里，我们又看到了心学和佛家道家的区别。心学是哲学，而佛道是宗教。哲学讲的是经世济民，而宗教讲的是六根清净。

这是心学的伟大创举，就是将宗教里教人静修的方法进行改进，直接应用到俗世生活中。将日常生活和修行完美地结合起来，做事和修行并不矛盾，给我们这些不舍得抛弃人伦的正常人一条修习心性之路。破山中贼的同时也可破心中贼。

"以循理为主，何尝不宁静；以宁静为主，未必能循理"。

这句话的意思是说，如果你在日常生活的应对中都能听从内心的声音，做到问心无愧，那你在俗世生活中也能求得宁静；如果你一味地追求避世，喜欢安静，那这个看似安静的状态，未必就是我们想要良知显现的真宁静。

打坐、冥想的方法，我不准备在这里做介绍，阳明先生不反对也不支持。如果静坐能够让人静心，那就不妨静坐；如果只是为了静坐而静坐，那还不如不坐，这就是先生的态度。他说："徒知静养而不用克己工夫也。如此临事，便要倾倒。人须在事上磨，方立得住，方能静亦定，动亦定。"

诗 和 远 方

"……家贫亲老，岂可不求禄仕？求禄仕而不工举业，却是不尽人事而徒责天命，无是理矣。但能立志坚定，随事尽道，不以得失动念，则虽勉习举业，亦自无妨圣贤之学。若是原无求为圣贤之志，虽不业举，日谈道德，亦只成就得务外好高之病而已……"

这段话的大概意思是，不管是接受教育、经商，还是走仕途，无论做什么事都能够坚守道义，心中不存患得患失的念头，即使是做那些看起来很琐屑的工作，也不妨碍学习圣贤的学问。如果心中根本就没有追求做圣贤的志向，即便没有准备科举考试，即便天天道德不离口，这也只是得了个一心追求身外之物又好高骛远的疾病罢了。

这一段论述可谓是正本清源，能够帮助人们清理掉很多无谓的纠结。有些人脑子里总想着"诗和远方"，低头发现自己每天的生活都是苟且。再换个说法就是，既然你每天苟且地过日子，就不要满脑子都是不切实际的诗和远方。不要生活在别处，要生活在当下！

用各种理由否定当下的生活，然后将幸福寄托在一个虚无缥缈的未来，这是人生之大不幸。要从根本上认识到这种心态的荒谬之处，这就是阳明先生传授给我们的真理。

比如教育。阳明先生在考举人和进士时，都是考的八股文。虽然八股文有很多弊病，比如模式死板、禁锢人的思想等，但这并不影响阳明先生成为一代大师。现在有很多人，不管是学生还是家长，指出了教育领域的很多问题，比如考生压力太大、一考定终身等，这些其实都是牢骚而已。正如阳明先生所说："若是原无求为圣贤之志，虽不业举，日谈道德，亦只成就得务外好高之病而已。"如果没有追求做圣贤的志向，即便没有准备科举考试，即便天天道德不离口，这也只是得了个一心追求身外之物又好高骛远的疾病罢了。高考并不会压抑人的天性，在学习的过程中，急功近利、好高骛远、贪慕虚名的心态才会压抑天性。在你和知识亲密接触的每一个瞬间，你就是知行合一的。如果脑子里一直想着"多考一分干掉千人"，那就是自我压抑。

举 业 累 心

问："读书所以调摄此心，不可或缺的。但读之之时，一种科目意思牵引而来。不知何以免此？"先生曰："只要良知真切，虽做举业，不为心累。总有累，亦易觉克之而已。且如读书时，良知知得强记之心不是，即克去之；有欲速之心不是，即克去之；有夸多斗靡之心不是，即克去之。如此亦只是终日与圣贤印对，是个纯乎天理之心。任他读书，亦只是调摄此心而已，何累之有？"曰："虽蒙开示，奈资质庸下，实难免累。窃闻穷通有命，上智之人，恐不屑此。

不屑为声利牵缠，甘心为此，徒自苦耳。欲屏弃之，又制于亲，不能舍去，奈何？"先生曰："此事归辞于亲者多矣。其实只是无志。志立得时，良知千事万事只是一事。读书作文，安能累人？人自累于得失耳！"因叹曰："此学不明，不知此处耽搁了几多英雄汉！"

这段话的译文如下：

学生问："读书是调整涵养此心不可或缺的方法。但读书的时候，总被科举考试的指挥棒牵引着。怎么能摈除这种感觉呢？"

先生说："只要你的良知真切，即使是考科举照样不会累心。即使是有牵累，那就当时觉察，当时克己就好了。比如，你在读书时，想尽快记住书里的内容，这时你的良知发现了这个念头不对，那就在当下克制住就好了；有了急功近利的心思，当下克制住就好；有吹牛夸口的心思的时候，自行克制住就好。这样的话，你就有每天和圣贤心灵相通，纯乎天理的感觉。即使是读书学习，也是在调养身心，怎么会劳累呢？"

学生说："老师，虽然我知道您说的意思，但我就是个普通人，实在难以免除这种劳累。我听说人的穷困和通达都是由命运安排，天资聪颖的人，恐怕对科举等事情会不屑一顾。不屑被声名利禄缠绕，心甘情愿。为科举而读书，我只能独自苦恼罢了。所以时时想着放弃，但是想到父母的殷殷希望，又没勇气这么做，这可怎么办啊？"

先生说："在这件事上怪罪父母的人太多了。其实只是因为自己没有立志。如果你真有远大的志向，在良知里面，你做的一千件事一万件事就只是一件事。读书写文章，怎么会累人，人都是被自己的得失之心拖累了而已。"

先生叹息说："这是良知的学问不清楚，那该耽误多少英雄好汉啊。"

孩子总觉得学习是为了考试，为了父母——"学习让我妈高兴"，而这样的学习心态本来就是不那么让人愉快的。孩子之所以觉得学习考试就像是被奴役一样，是因为自己的得失之心。比如说考试就是为了考好名次，那份真心求知的纯净就被玷污了；为了学习那些不得不学的东西，那份天生的求知欲就被扭曲了。

学习的目的就是学习本身，在学习过程中，我们是在和人类历史上那些先贤先知对话，这怎么会累呢？

修 行 之 所

很多人会陷入这样的思维陷阱：他们总认为生活在别处，幸福在别处，成长在别处，爱的人在别处，自由的国度在别处。关于修行的想法也是这样，总觉得自己所处的环境嘈杂不堪，自己接触的人良莠不齐。他总得找到一个清净的地方，等到一个合适的时机，才能开始修行成长。

事实上，如果你这么想，你永远不可能开始。举例来说吧：早上起床，你的孩子磨磨叽叽，不好好穿衣服，不好好刷牙，这时候就是提升你的耐力，考验你的仁心的时刻。这时，如果你去体会，去观察，而不是用厌恶的姿态去呵斥，你一定会有所收获。你正在办公室伏案工作，楼上突然开始装修，刺耳的电钻声音让你无名火起，弄得你心情全无，只想冲上去跟他们打一架。而此时恰恰是锻炼你控制情绪的能力的时候。

我们这一生，会遇到很多令人心烦的事情，但需要明白的是，这个世界没有针对你，没有刻意地阻碍你，也没有刻意地成就你。如果你内心有方向，那你就可以从你路途中的所有障碍中汲取营养。而如果你没有方向，那你的生活将会被你的私意所牵绊，每一个不如意都会诱发你的贪嗔痴念，让你认为当下不值得，远方才有幸福。

"良知愈思愈精明，若不精思，漫然随事应去，良知便粗了。"修行之人每天的状态应该是顺其自然还是战战兢兢呢？答案是后者。所谓自然的状态，并不能自然地达到。因为成年之后，人心很容易被私意所笼罩。所谓顺其自然只能是坠入深渊。这就像染了病的人，需要调理治疗，然后才能顺其自然。对于病人来说，如果让其顺其自然，结果只能是病得更重直至死亡。

有些人的人生就是空挡滑行状态。心不在焉，就像孔子说的，"群居终日，言不及义"。发生一件事，就开始左思右想，这里面掺杂的就是欲望、得失、毁誉，这就叫作"将迎"。

不是谁都有资格说顺其自然。茫茫荡荡地去想，这不叫远虑，这是瞎想。

参 前 倚 衡

　　"言忠信，行笃敬，虽蛮貊之邦，行矣。言不忠信，行不笃敬，虽州里，行乎哉？立则见其参于前也，在舆则见其倚于衡也，夫然后行。"

　　这段话的意思是："言语中充满了忠义和诚信，行为中充满了谨慎和敬畏，如果能做到这些，即使是在蛮夷国家，你这套为人处世的方式也行得通。否则，即使是在中原上国，你觉得能行得通吗？忠信、笃敬这样的信念，你要时时放在心头，你站着的时候要感觉它就像一张条幅展现在你的眼前，你在驾车的时候就感觉它像倚在车前的横木上一样醒目。"

　　这段话出自《论语》，它很形象地给我们展示了心有主宰的君子气象。人是活在俗世红尘中的，也是活在自己的精神世界里的。这个精神世界的"忠信"和"笃敬"应该时时刻刻放在心头。这就是每天下功夫的抓手。很多人听了一些道理觉得很对，心里就对自己说"知道了知道了"，而这件事就过去了，直到下一次再看到类似的道理，再遇到类似的场景，才想起来自己并没有听进去，然后又是一番痛彻心扉的感悟……

这个现象的根源就在于，他从内心根本不相信自己能够成为一个更好的人。他没有掌控生活的经验和感觉，只是在应付。他也没有尝过成功改变自己的滋味，换句话说，他的内心是绝望的。

情绪波动，目光短浅，忙忙碌碌，患得患失……所有这些状态都是于身心有害的，需要我们去修炼。而且你不要去外界找答案，这个标准答案不在外界，而在你的内心。你的内心会告诉你，跟人接洽的时候怎么说话是对的，以及独处的时候想法如何释放、如何自处是对的。

徒知静养

"是徒知静养而不用克己工夫也。如此临事，便要倾倒。人须在事上磨，方立得住，方能静亦定，动亦定。"

一个人平常是很理智的，心智始终在线。但突然遇到事情时，血往上涌，贪瞋好恶攀附在心体之上，主导了行为，心智直接离线。等情绪平稳下来，心智重新上线，回头看看自己做出的那些事情，第一个想法就是"这是我干的吗"？

阳明先生说，这个问题的根本原因是只注意安静时的修炼，克己功夫明显不够，这样遇事一定会被打倒。人最重要的是要在事上磨，才能立得住，才能做到"静亦定，动亦定"。

打个比方，静处修身相当于在游泳馆里练游泳，大家都知道，游泳池是理想状态。在游泳池里游得非常好，并不代表实际应用的时候，也一定管用。某天，到江边一下水，发现水情和游泳池完全不是一回事，这个时候，就不知道怎么游了。只有经常到江河湖泊下下水，以后再碰到类似情况，心里就有底了。这个"事上磨"说的就是经常出来游一下的意思，游多了，自然就不怵了。

修习心性，入世治世应对人情事变，也是同样的道理。多做克己功夫，在应事接物时随时随地观照心体的气机实相，避免贪嗔好恶攀附心体，这既是心学的修炼方法，也是修炼所要达到的目的。这就是"事上磨"。

功夫到了，自然就会"静亦定，动亦定"了。

每天省察克治的功夫不是口头上的，而是要付诸行动。很多人喜欢坐而论道，把道理分析得头头是道，但一玩真格的就拉胯。

有时候我们做完一件事之后会感到如沐春风，有时候做完一件事之后会感到如丧考妣。做同样一件事的心境如果不一样，结果当然就不一样。比如说有两个小孩儿在写作业，第一个孩子有很好的学习习惯，每道题都做得很顺手；第二个孩子则视学习若畏途，硬着头皮完成任务。虽然最终都完成了，但是长远看，孩子之间的差距会越来越大。

　　而对于大人而言，心无旁骛地处理每一天的人情事变，是比孩子写作业要复杂很多倍的事情。我们要担当不同的角色，满足不同人的不同期望，还要时刻警惕各种各样的欲望陷阱，所以这更需要我们多付诸行动。

最惨处境

　　我们想象这样一个场景：在一个四面漏风的毛坯房里，一个男人孤独地生活着，他没有学历，缺少人脉，远离家人，没有朋友，只有一份辛苦而且收入不高的体力工作，他每天早上去上班，晚上回家。但即使是这样的生活，他也可以过得充实而快乐。

即使是用电磁炉煮方便面吃，也可以把灶台碗筷收拾得干干净净；即使是自己烧水洗澡洗衣服，也可以把自己收拾得利利索索；即使干的是体力活，他也可以不卑不亢地活着；即使兜里没什么钱，他也可以见人微笑，可以虚心学习，诚信做人。但在现实中，这几件看起来很简单的事情，很多人却做不到。他们自己放弃了自己，整天抽烟、喝酒、打牌，满嘴脏话，满脑子错误的观念，无规律地生活着。他们断定现在所有的问题都是因为没钱，只要有了钱什么都可以解决。

事实上，抽烟是因为有瘾或是焦虑；喝酒是因为好这一口，或是心情郁闷；熬夜是因为白天的生活不够精彩，晚上要加班；打牌是因为牌友相约或因工作太过平淡。所有的这些习惯都是内心缺乏营养导致的。抽烟、喝酒、打牌、打游戏、刷手机、追剧、睡懒觉、吃垃圾食品……这种种生活习惯应努力改掉，因为长此以往，它们会吞噬你面对人生的最后一丝勇气。

健康而有尊严的生活，真的很难吗？不难，只是你不愿意。

你只要身体健康没有病痛，你现在就可以做出改变，重获新生。

"君子素其位而行，不愿乎其外。素富贵，行乎富贵；素贫贱，行乎贫贱；素夷狄，行乎夷狄；素患难，行乎患难。"

我们看那些摄影师拍出来的风景特别美。不管是一个破败的小巷子，还是一个光秃秃的小山坡，在摄影师的镜头下都那么令人动容。但是生活在那个小巷子里的人，每天感受到的却是枯燥乏味和庸俗不堪。那是因为这些人心灵的镜头上布满了灰尘。

人要有能力把自己从生活的泥潭中拔出来，但首先要做的是，去修补自己那四面漏风的心灵。

日 减 之 功

"吾辈用功，只求日减，不求日增，减得一分人欲，便复得一分天理，何等轻快脱洒，何等简易！"

我们总能听到这种说法，就是人生要做减法。但是为什么很少人能够做到呢？因为他们不明白做减法的内在逻辑。他们的内心会反问自己：怎么做减法？孩子的奶粉不要钱吗？老婆的包包不要钱吗？退休了还能保持有尊严的生活不要钱吗？那不如回老家种地得了，连化肥都不用的那种，做减法嘛。

首先我们得知道要减什么。我们要减的不是物质上的杂物，而是精神上的杂物，比如欲望、名利、我执等，将无关的杂念减掉，留下心灵的本体。

获得幸福的方法有很多，比如说满足口腹之欲。但是有些人的欲望过盛，把吃尽天下的珍禽异兽作为目标，这就成了执念，这就是要减掉的对象。如果把这个问题想清楚了，就能往幸福的方向靠近一大步。先生说，减得一份人欲，便复得一份天理，何等轻快洒脱，何等简易。

除了口腹之欲，色欲也是如此。毫不隐讳地说，有些男人以拥有更多女人为人生的最高目标。这不过是被生殖冲动蒙骗罢了。对于色欲的痴迷，会很大程度上消耗心力。被色欲困住，生命将在这种追求中消耗殆尽。这种欲望是必须要减掉的。如果能把这个问题"格"穿了，看开了，就会豁然开朗。

当然，很多人还想有豪车、美宅、华服、名表等欲望，如果你能从自己的使命感里找到人生价值，这些虚幻的符号将会变得不堪一击。如果看不穿，那你将耗尽毕生心血。只要良知莹澈，这些魑魅魍魉都将烟消云散。

每天的省察克制，有很多事情可以做。这就是前面说的必有事焉的含义。因为人的念头是停不下来的，如果每天有反思，你一定会发现自己的思想、行为、语言都有荒谬的地方。如果能将这些欲念一个个减掉，会感觉身体一天天轻盈，眼神一天天清澈起来。

勿作花想

现在生意越来不好做了，你刚想到一个绝妙的商业模式，钻进去一看，发现已经有一堆先行者在那里了。

这时候应该向内找了。

我们举例来说。比如你是做装修的，听了很多营销大师的建议，做过社群，也做过免费引流，最终都不管用。这个时候你就应该静下来了。静下来不是让你打坐参禅，而是想想自己在这份工作中，还能不能有所提升。在这个行业中，你的心里是否装下过一个"敬"字？你细细看看脚下的瓷砖和手里的涂料桶，去找这样一种感觉：背着工具上楼梯的每一步都像是在朝圣，拿着电锤凿墙的每一下都像是在敲钟。试着让心静下来。看看窗外，装修这个行业一时半会消失不了，你也不会很快离开这个行业。那么从今天起，把所有杂念都从心里面清理出去。不怀任何杂念地去做装修这件事，不去偷工减料，不刻意抢客户，不再整天想着挣大钱，只是认认真真地提升装修技术和服务本事。慢慢地，你就能做得比别人好。

先生说，练书法时，不要一上来就想着怎样才能写好看，不要满脑子想成为书法家，只是一个用"敬"的功夫。就像一棵树，浇灌树根，树根发了芽，才能长出树干，有了树干才有树枝，有了树枝才能长叶，长了树叶才能开花结果。不要想没用的，所以叫"勿作叶想，勿作花想"。不忘栽培之功，还怕没枝叶花果？就专注于当下，有活干就干活，没活干就和客户沟通，有问题就解决，没问题就感谢。这就是"静能生慧"。

相信我，能沉下心的人很少。任何行业都不缺空想家，缺的是实干家。不用太长时间，你就会发现，你把那些同行都抛在了身后。再看看那些恶意砸价、削尖脑袋抢客户的同行们，你会感觉很超然。走捷径是源于内心巨大的不自信。他们逃避真实的当下，而寄希望虚幻的未来。你知道他们将面对无穷无尽的麻烦和抱怨，而你每天都在精进。生意，是要通盘考虑一生的事业。你要安住此生，沉下心来，在其中探索。

专心吃饭

"今人于吃饭时，虽无一事在前，其心常役役不宁。只缘此心忙惯了，所以收摄不住。"

问大家一个问题，在你一天清醒的时候，你有多少时间是在安静地独处着的？这种独处就是不玩手机、不看电视、不打电话，完全静下来的那种。答案恐怕是很少吧。

别的不说，单说把手机放下这一件事，就是很多人难以做到的。对于现代人来讲，手机控是个典型的成瘾症状。不管什么成瘾，都不是一件很值得推崇的事情，要做到分寸得当，有益于身心健康才是正道。

修行的难就难在这个地方，看看我们身边的环境吧——超市卖的各种热量超标的零食，网上各种炫富的表演，走捷径的"大师"，被赚钱欲占据的浮躁而慌乱的人群……

所以我们的心"役役不宁"，就像一头狂奔的野马，要有巨大的勇气，才能把它拉住，套上鞍辔。

开 始 专 注

我读毛泽东的传记，读到他在 22 岁的时候写给他的好友萧瑜的一封信，信中写道："我每次看书都得看四五个小时才能停下来，专家不是说为了保证健康，连续用脑45 分钟就需要休息一下吗？我就是做不到，好苦恼。"读到这里，我就感叹，这种苦恼好高级啊！到底是什么让我们现代人变得如此浮躁呢？为什么我们无法沉下心来也拥有这种苦恼呢？

因为私欲。

比如你开了一个早点摊儿，你脑子里一直想的是今年要挣多少钱，甚至梦想着这个早点摊能做到连锁，实现财富自由，早日买车买房。放过自己吧，如果你在摊煎饼，那你就摊煎饼；如果你不喜欢摊煎饼，那你就不要摊煎饼。

为什么要在欲望的追逐中毁掉自己的每一天呢?

一切行为都是它本身的目的,而不是另一件事的手段。学习就是学习,不是考好成绩的手段。对爱人好就是对爱人好,不是让爱人更爱你的手段。工作就是工作,不是升职加薪的手段。正如阳明先生所说:"君子之学,求尽吾心焉尔。故其事亲也,求尽吾心之孝,而非以为孝也;事君也,求尽吾心之忠,而非以为忠也。是故夙兴夜寐,非以为勤也;剸繁理剧,非以为能也;嫉邪祛蠹,非以为刚也;规劝谏诤,非以为直也;临难死义,非以为节也。吾心有不尽焉,是为自欺其心;心尽而后,吾之心始自以为快也。"

君子为人,只求对得起自己的心罢了。侍奉自己的父母,就是为了让自己心安,而不是为了显得孝顺;为君主做臣子,只是为了对得起内心的忠诚,而不是为了显示忠诚;起早贪黑地工作,不是为了所谓的勤奋;天天处理各种棘手的事情,不是为了显示自己的能耐;与恶势力抗争,不是为了显示自己的刚猛;勇敢地规劝君王,不是为了显示自己的刚正;国家有难的时候英勇就义,不是为了标榜自己的气节。只是因为,如果没尽到我的良知,我就感觉在欺骗自己的心;尽到了,我的心才会痛快舒畅。

不管是摊煎饼还是抹水泥,你所做的就是这件事情本身而已,不要给他附加更多的意义,心心念念想着得失荣辱。

你相不相信有一天，通过自己的努力，能够做出很匠心的产品或者提供很稀缺的服务？你微笑着把这些价值提供给别人，然后理直气壮地获得报酬和尊重，你不再惊慌失措，不再遮遮掩掩，不再担惊受怕，不再患得患失，你要做的就是每天规律地、专注地挖掘自己的天赋，和志同道合的人在一起，让自己一天天地变好。

　　你辗转反侧，众里寻他千百度，然后突然有一天，你发现你能读进去一本书了，你能停下来和家人朋友真正地用心交流和谈话了，上班的时候不再着急地等待下班时间了，下班之后走在华灯初上的路上，内心开始升起一种感动了，这个时候你的状态就来了。每个最终从黑暗中走出来的人，都独自走过一段黑暗孤独的旅程。每一个强大的人，都有一段艰难的过往。

　　所有的努力最终都要落在这个执行层面。球星能够一整天在草地上奔跑训练而乐此不疲，而普通人在球场上待一天，就会觉得很痛苦，因为他没有和球场建立联系，他没有做到知行合一。人和人的差别就在这里，那些业绩突出的职场人士精力充沛，每天风风火火的，因为他们是在享受工作；而你之所以坚持不下去，感觉工作很累，是因为你只是假装在工作而已。

悲 剧 英 雄

我这个人有个毛病，那就是耳根子软，没原则，内心有一种不拘小节的大男子气概，潜意识里难以接受抠门、做事谨慎的人。这是我的一大病根。我曾经在商业上因为这个吃过大亏，依旧不知悔改。

我给这个毛病起了个名字叫作"悲剧英雄综合征"。这种综合征的核心是一种软弱，不敢面对生活的真相，只是希望待在一团和气的虚假繁荣当中，不愿意面对冲突、尴尬的场面。遇到问题，想到的第一个解决方案总是牺牲自己。而这种牺牲往往并不是获得对方谅解的大度，而是为了息事宁人的隐忍。也就是说，这种牺牲的成本很高，但是效用很低。不会沟通，只会牺牲，这是软弱带来的短视，这是虚荣心埋下的隐患。

这个"悲剧英雄综合征"再往深处分析，其实是另外一种形式的自我膨胀。他和那些看起来就自傲的人的区别就是，别人的傲在面儿上，悲剧英雄的傲在心里。他无法抵抗成为一个被人称颂的英雄的巨大诱惑。他甚至不要利，也要这个名。当不了坏人，受不得指责，这是阻碍很多优秀的人才真正登顶的最后障碍。说到底还是没有做到无我。

　　无他，只能是因病而药。出现这个苗头，就反思内省，把它格掉而后快。

第九章

修 行 次 第

下决心、用狠心、有耐心、贵恒心

这一章我来梳理一下心学实践的操作步骤。致良知的功夫由浅入深，每个阶段有每个阶段的常见问题，《传习录》在各个章节当中都给出了解决方法。这里我把它们整理出来，结合我自己的实践经验，给大家做一个分享。

痛 加 刮 磨

"常人之心，如斑垢驳杂之镜，须痛加刮磨一番，尽去其驳蚀，然后才纤尘即见。"

这是第一个阶段，关键词是"痛"。我们每个人都已经在这个社会的大染缸里浸染了太长时间，阳明先生说，我们的心就像一面锈迹斑斑的铜镜，如果已经立下志向要改变，那就要"痛加刮磨"一番，将内心的每个念头拎出来，仔细端详是不是有好色之心、好利之心、好名之心、闲思杂虑、魑魅魍魉。革命不是请客吃饭，修行也不是打坐参禅，特别是刚开始的这个阶段，要有摧枯拉朽的魄力，不要怕自己一下改变得太多，自己不适应，别人不适应。不要有这样的杂念，认准了心学的大道，就放心大胆地走。就像刚开始减肥时，第一个月减掉10斤很正常。你是不是内心深处有个担忧，担心这样改变得太快太多，后面会有反弹？

你这个担忧，阳明先生已经想到了。他说，如人走路一般，走得一段，方认得一段；走到歧路处，有疑便问，问了又走，方渐能到得欲到之处。

其实，这种担忧就是你的私意，就是没能致良知。所以请你大胆开始，即使后面出现问题，"兵来将挡，水来土掩"即可。

此 心 常 在

"只存得此心常见在便是学。"

第二个阶段就是"勿忘"。这里还没到所谓的坚持的阶段。很多人做事总是习惯性忘却，因为日常生活有巨大的惯性，安逸堕落有巨大的势能。忘了就懈怠了，懈怠了就没状态了。这个阶段，你可以在笔记本、手机、备忘录、便签纸上写下这些警句。更重要的是，每天默默地告诉自己"此心常在"。每天想想先生的这句话："只念念要存天理，即是立志。能不忘乎此，久则自然心中凝聚，犹道家所谓结圣胎也。"要让心中那股"念念要存天理"的劲头显现出来，在你忘却之后它会突然跳出来警醒你，让你有一种心悸的感觉，然后重拾心态。这个过程是不舒服的，但是很有必要。这样反复几次，习惯就建立起来了。

何 思 何 虑

"心之本体即是天理。天理只有一个，更有何可思虑得？天理原自寂然不动，原自感而遂通。学者用功，虽千思万虑，只是要复他本来体用而已，不是以私意去安排思索出来。……若以私意去安排思索，便是用智自私矣。"

第三个阶段是"勿助"。修行过程中常见的一个毛病就是凭空悬想。想什么呢，想过去的遗憾，想未来的担忧，想别人的眼光，想自己的得失。这是一种极其耗费精力的事情。有些人才跟女孩子见一次，就连孩子叫什么名字都想好了。孩子刚上幼儿园，就开始纠结以后是考清华还是考北大了，这都是悬想，无益。生活应该是物来顺应、知行合一的状态，而不是永远在做白日梦，永远不曾行动的状态。

空想那些有的没的，就是对当下良知的不信任。我们用功，是为了回归良知、发现本心，而不是要穿越到一个不存在的未来。打个比方，比如明天你有一场考试，这时候你有两件事可以做，要么复习，要么休息。但是很多人在这个时候失了方寸，开始各种想象：这个知识点是不是没掌握啊？明天的考试会不会很难啊？考不好怎么办啊？我为什么不早点把知识学扎实呀？完了，这次要是考砸了咋办？……上面所有的这些心理活动，都是私意裹挟着思绪进行的无意义空想。即使是你往正面去想，想着明天一定会取得好成绩，然后拿着奖状回家，父母喜笑颜开，这同样是不对的。你现在应该做的是：该复习就复习，该休息就休息，该考试就考试。

要信任自己的良知，就是要不疾不徐地待人接物，做自己应该做的事情。"未来不迎，当下不杂，过往不恋"。

呼唤勇气

"凡人言语正到快意时便截然能忍默得；意气正到发扬时，便翕然能收敛得；愤怒嗜欲正到胜沸时，便廓然能消化得，此非天下之大勇者不能也。"

这是阳明心学最刚猛的地方了。那真是"一棒一条痕，一掴一掌血"。在你说话正志得意满的时候让你闭嘴，在你欲望正炽的时候让你冷静，在你气头上让你打掉牙往肚里咽。一般人很难做到。有大理想、大慧根、大仁大勇的人才能做到。这样的人就是阳明心学修炼出来的强者。

这个阶段的关键词在于一个"忍"字。但是这个忍不是一味地忍让，而是你要有大理想。你知道你的人生使命是什么，所以你清醒地看到了身处情绪波动旋涡中心的自己时而高亢、时而低落、时而愤怒、时而懦弱的情绪状态。

你应当主动选择驯服自己的心态，而不是被动地忍气吞声。

快 活 功 夫

"常快活便是功夫。"

修行之人便是苦大仇深状吗？不是，修行之人的自然状态应该是云淡风轻的。前面那些强力克己的方法自感遂通之后，便是春和景明的世界。因为你不再被自己的情绪所牵绊，不再为各种诱惑所蒙蔽。事物本来的样子就开始在你面前清晰起来。

你在面对家人、同事、工作、成就的时候，开始看到它们真实的本质。曾经，你被私意裹挟着"怒指乾坤错"的时候，那些看不惯想不通的东西，现在都一一显现出来。不是它们突然变清晰了，而是你的心干净了。阳明先生在龙场埋葬那个路人的时候，坟里躺着的那个路人不能适应身边的环境，内心不甘，表情凄苦，他的身体早已被瘴毒侵害。而阳明先生已经化解了心中的不满和愤懑，以及被抛弃被流放的感觉，他开始理解自己的命运，从那片土地上吸收营养，放下偏见，和当地人交朋友，真实而又快活地在龙场讲学。

快活不是没心没肺，而是深刻理解这个世界之后的宽恕。指天骂地的一定是没想通，抑郁惆怅的一定是没放下。孔子说的忠恕二字，这个"恕"，包罗万象。

着 实 用 功

"一起一伏，一进一退，自是功夫节次。"

不要贪功，不要求成。你在几十年内养成的"行不著，习不察"的习惯，不可能通过几个月甚至几个星期的时间就涤荡干净。就像洗衣服一样，一个常年污渍的旧衣服，一定要反复浸泡揉搓才能清洗干净。这个着实用功的关键在于，你要认清楚你自己，你的成长跟任何人没有关系。当你认识到了自己的使命——成为最好的自己，选择让自己走上这条孤独的道路时，你的成就只有你自己知道。你在成长过程中的窘迫可能会被旁人看到，他们可能会嘲笑讽刺你，但这都是促使你成功的营养。你不用向别人展示你的决心，也不用跟别人解释你的良苦用心。你要忠于自己的内心，做到了就是做到了，没做到就是没做到。这时，你就已经开始修行了，已经走在了正确的道路上，崎岖也是它，泥泞也是它。

"人若著实用功，随人毁谤，随人欺慢，处处得益，处处是进德之资。若不用功，只是魔也，终被累倒。"

最后，再强调一下，修行的关键还是立志。如果志向坚定，上面说的那些步骤都不是问题。如果没有那个志向，那么你读完了也仅仅就是读完了而已。

"夫学，莫先于立志。志之不立，犹不种其根而徒事培拥灌溉，劳苦无成矣。世之所以因循苟且，随俗习非，而卒归于污下者，凡以志之弗立也。"

这句话一针见血地点出了真相。"卒归于污下"，这是你想要的命运吗？如果你肯来读这本书，我相信这不是你想要的命运。

"居常无所见，惟当利害，经变故，遭屈辱，平时愤怒者到此能不愤怒，忧惶失措者到此不忧惶失措，始是能有得力处，亦便是用力处。天下事虽万变，吾所以应之，不出乎喜怒哀乐四者。"

人在岁月静好的时候常常是没有什么长进的，只有在经历变故、遭受屈辱的时候，才是最有长进的时候。这时候，平时脾气挺大的人发不了脾气了，平时没有主见的人必须要拿主意了，这才到了下功夫的时候。天下的事情虽然千变万化，要想应对这些事情，首先要做的是能掌控自己的喜怒哀乐，那这时，就要把自己的克己功夫修炼到极致！

第十章

拔 本 塞 源

阳明先生的终极梦想

拔 本 塞 源

曾国藩曾如此评价王阳明："矫正旧风气，开出新风气，功不在禹下。"他直接将阳明先生和大禹相提并论，这是非常高的评价了。那么这个"矫正旧风气，开出新风气"体现在什么地方了呢？答案是《拔本塞源论》。

这一篇是《传习录》全书的精髓，这是阳明先生在向我们一诉衷肠，先生的伟大抱负，苍天可鉴。我本人在读完这一篇之后热泪盈眶。所以这一篇我决定全文摘录并做解析。有志于心学的朋友们，请沐浴更衣，焚香祷告，来恭听先生的肺腑之言。

"夫'拔本塞源'之论不明于天下，则天下之学圣人者将日繁日难，斯人沦于禽兽夷狄，而犹自以为圣人之学。吾之说虽或暂明于一时，终将冻解于西而冰坚于东，雾释于前而云滃于后，呶呶焉危困以死，而卒无救于天下之分毫也已！"

先生开篇就呼吁，如果拔本塞源论没有为世人所了解，即便是修行圣人之学，也会越学越繁杂，越学越困难，会使人脱离人道，陷入禽兽夷狄般的邪道，而自己却以为在修行圣人之学。我的论说虽然暂时会被人了解，但是就像西边的冰融化了而东边又结冰，前面的雾散了后面的云又涌起那样，无法使人充分理解。我为了让大家理解，拼命呼吁却丝毫不能救助世人，最终恐怕会劳苦而死。

这一段可以说是"拔本塞源"论的序文。他担心自己的观点不能被充分理解，那么救世之念也终归徒劳。因为担心这一点，他写下了"拔本塞源"论。

"夫圣人之心，以天地万物为一体，其视天下之人，无外内远近，凡有血气，皆其昆弟赤子之亲，莫不欲安全而教养之，以遂其万物一体之念。天下之人心，其始亦非有异于圣人也，特其间于有我之私，隔于物欲之蔽，大者以小，通者以塞，人各有心，至有视其父子兄弟如仇雠者。圣人有忧之，是以推其天地万物一体之仁以教天下，使之皆有以克其私，去其蔽，以复其心体之同然。"

圣人之心以天地万物为一体，对于世人，不设内外、远近之差别，凡有生命之人，圣人都待之如兄弟赤子，用亲情去爱护并教化，希望他们能够成就万物一体之心。世人之心，本来和圣人之心是一样的，但是由于受到自私之情妨碍，为物欲所蒙蔽，因而大心变小心，与人相通的心被堵塞，人心涣散，最终视父子兄弟如仇敌。圣人忧虑于此，以万物一体之仁教化众人，让人们克服自私，去除心之障碍，恢复本来具有的万物一体之仁心。先生指出，圣学的极致便是成就"万物一体之仁"。这可以说是一个伟大的命题。

"其教之大端，则尧、舜、禹之相授受，所谓'道心惟微，惟精惟一，允执厥中'。而其节目，则舜之命契，所谓'父子有亲，君臣有义，夫妇有别，长幼有序，朋友有信'五者而已。

"唐、虞、三代之世，教者惟以此为教，而学者惟以此为学。当是之时，人无异见，家无异习，安此者谓之圣，勉此者谓之贤，而背此者虽其启明如朱，亦谓之不肖。下至闾井、田野、农、工、商、贾之贱，莫不皆有是学，而惟以成其德行为务。

"何者？无有闻见之杂，记诵之烦，辞章之靡滥，功利之驰逐，而但使之孝其亲，弟其长，信其朋友，以复其心体之同然。是盖性分之所固有，而非有假于外者，则人亦孰不能之乎？"

圣人教诲的纲领便是尧、舜、禹代代相传的"道心是微弱的，因此要去除心之杂念，净化内心，并一直保持内心的中正"。其细则便是舜授命给契的五教，即"父子之道在于亲，君臣之道在于义，夫妇之道在于别，长幼之道在于序，朋友之道在于信"。

尧、舜、禹三代时，教的人只教这些，学的人只学这些。当时没有人和其他人持不同意见，没有家庭和其他人家有不同习惯，轻而易举就能做到这些的人被称为圣人，经过努力做到这些的人被称为贤人，背弃这些的人，即便是尧的儿子丹朱那样聪明的人也被称为愚人；就连农工商人，虽然身份低贱，无不学习这一教诲，努力奉行这一德行。

因为当时没有后世那样的复杂见闻，也没有繁杂的记忆背诵和迷惑人心的美文，也不会追求搅乱人心的利益，只是对父母尽孝、听从年长之人、以诚信结交朋友，便能够恢复人人都认同的本心。而这一本心，是各人本性中固有的，并非从外部借来的，因此谁都可以做到。

阳明先生对明朝学界的那种舍本逐末的风气非常失望。有些人拿着圣贤的只言片语来招摇，要不就是对着古籍研究一辈子。先生大声疾呼，学习的实质在心里啊！

"学校之中，惟以成德为事。而才能之异或有长于礼乐，长于政教，长于水土播植者，则就其成德，而因使益精其能于学校之中。迨夫举德而任，则使之终身居其职而不易。用之者惟知同心一德，以共安天下之民，视才之称否，而不以崇卑为轻重，劳逸为美恶；效用者亦惟知同心一德，以共安天下之民，苟当其能，则终身处于烦剧而不以为劳，安于卑琐而不以为贱。"

当时，在学校里，只是把德育作为教育的主旨。如果有独特的才能，比如擅长礼乐、政治教化或者农业，则以德育为基础，然后在学校里磨炼他的才能。如果雇用了有德之人，那么就让他终身都在这个职位上，不做替换。任命之人只想着和被任命的人同心同德，共同努力安定百姓的生活，只考虑他的才能是否适合这一职务，不以地位高低评价人，不以工作轻松与否定善恶。而被任命的人也只想着与任命他的人齐心协力，共同致力于百姓生活的安定，如果自己的才能适合这一职业，即便是终生劳累，也不会觉得辛苦，即使从事低微的工作，也不会觉得卑贱。

"当是之时，天下之人熙熙皞皞，皆相视如一家之亲。其才质之下者，则安其农、工、商、贾之分，各勤其业，以相生相养，而无有乎希高慕外之心。其才能之异若皋、夔、稷、契者，则出而各效其能，若一家之务，或营其衣食，或通其有无，或备其器用，集谋并力，以求遂其仰事俯育之愿，惟恐当其事者之或怠而重己之累也。故稷勤其稼，而不耻其不知教，视契之善教，即己之善教也；夔司其乐，而不耻于不明礼，视夷之通礼，即己之通礼也。"

当时，世人和睦相处，快乐地生活在一起，彼此就像家人一样亲近。因此才能素质低的人会满足于农夫、工匠、商人等身份，各自致力于自己的职业，互帮互助地生活，不会奢望更高的地位，不会羡慕更好的境遇。像皋陶、夔、后稷、契那样优秀的人，各自主动为天下百姓发挥他们的才能，都像在做自己家的事情一样，有人缝衣做饭、调配物资，有人制作器具，齐心协力，只求可以奉养父母、抚养妻儿。他们只是担心负责相关工作的人怠惰，因而会加重自己的负担。后稷努力耕作，虽然不懂得教化百姓，却不以为耻，他看到契善于教化百姓，就会觉得自己也善于教化。夔掌管音乐，虽然不懂礼法，却不以为耻，他看到伯夷精通礼法，就会觉得自己也精通礼法。

"盖其心学纯明，而有以全其万物一体之仁，故其精神流贯，志气通达，而无有乎人己之分、物我之间。譬之一人之身，目视、耳听、手持、足行，以济一身之用。目不耻其无聪，而耳之所涉，目必营焉；足不耻其无执，而手之所探，足必前焉；盖其元气充周，血脉条畅，是以痒疴呼吸，感触神应，有不言而喻之妙。此圣人之学，所以至易至简，易知易从。学易能而才易成者，正以大端惟在复心体之同然，而知识技能非所与论也。"

心学是纯粹易懂的。如果一个人完全成就了万物一体之仁，他就会精神贯通、志气流通，也就不存在彼此、物我之分。拿人的身体做比喻，用眼睛看、耳朵听、手持物、脚走路，这样整个身体才能发挥作用。眼睛不会以听不到为耻，耳朵听声音时眼睛就会望过去。脚不会以不能持物为耻，手要取东西时脚就会走过去。由于身体精气充实、血液畅通，所以当身体痛痒或呼吸时，内心能够迅速感应到，有不言而喻的奇妙。因此，圣学极为简单易懂，易于奉行，学问的进步、才能的磨炼都很容易。总之，其根本在于恢复人人都认同的本心，知识技能不值一谈。

"三代之衰，王道熄而霸术焻；孔、孟既没，圣学晦而邪说横。教者不复以此为教，而学者不复以此为学。霸者之徒，窃取先王之近似者，假之于外，以内济其私己之欲。天下靡然而宗之，圣人之道遂以芜塞。相仿相效，日求所以富强之说、倾诈之谋、攻伐之计，一切欺天罔人，苟一时之得，以猎取声利之术，若管、商、苏、张之属者，至不可名数。既其久也，斗争劫夺，不胜其祸，斯人沦于禽兽夷狄，而霸术亦有所不能行矣。"

夏、殷、周三代走向衰落，王道没落，霸道盛行。孔子、孟子亡故以后，圣人之学不明，邪说横行。教的人不教圣人之道，学的人不学圣人之道。因此，霸主表面上施行先王之道，暗地里借此满足自己的私欲。世间流行这种风潮，人们都争相效仿，圣人之道终被埋没。人人都效仿霸主，追求国家富强的学说，实施欺压他国、谋求攻略、颠覆他国的计划，欺天瞒人，为得一时之利而要弄权术。像管仲、商鞅、苏秦、张仪这样的人，不计其数。长此以往，争斗劫掠频繁发生，人们将难以忍受这些灾祸。世人最终堕入禽兽夷狄的邪道，就连霸术之道也不能通行了。

"世之儒者，慨然悲伤，搜猎先圣王之典章法制，而掇拾修补于煨烬之余；盖其为心，良亦欲以挽回先王之道。圣学既远，霸术之传积渍已深，虽在贤知，皆不免于习染，其所以讲明修饰，以求宣畅光复于世者，仅足以增霸者之藩篱，而圣学之门墙遂不复可睹。"

世间的儒学家见此情形，痛心不已，于是搜寻古代圣王的制度文物，收集秦始皇焚烧的经书残骸，并予以修补。因为他们确实真心想挽回先王之道。然而圣人之学已经成为遥远的过去，霸道传播已久，其积弊已经深入人心，即便是贤人、智者，也难免被污染。因此，好不容易了解了圣人之学，将经书修补完好，想要恢复并发扬光大，结果却只能用于为霸者辩护，最终连圣学的入口都看不到了。

"于是乎有训诂之学，而传之以为名；有记诵之学，而言之以为博；有词章之学，而侈之以为丽。若是者纷纷籍籍，群起角立于天下，又不知其几家，万径千蹊，莫知所适。世之学者，如入百戏之场，欢谑跳踉，骋奇斗巧，献笑争妍者，四面而竞出，前瞻后盼，应接不遑，而耳目眩瞀，精神恍惑，日夜遨游淹息其间，如病狂丧心之人，莫自知其家业之所归。时君世主亦皆昏迷颠倒于其说，而终身从事于无用之虚文，莫自知其所谓。"

因此，训诂之学兴盛，学者把解释文字并传给后世作为名誉；记诵之学兴盛，把背诵经书视作博学多识；辞章之学兴盛，学者们致力于写作华丽的文章。这些学问在世间群起并行，其流派数不胜数。打个比方说，大大小小的路有成千上万条，错综复杂，人们不知道应该走哪条路。世间的学者如同进入了有各种表演的剧场参观，互相争奇斗巧，买笑争妍，从四面八方涌向舞台，使人应接不暇，因此导致人目眩耳鸣，精神恍惚，不分昼夜地游玩其中，就像忘记了家传的学业的疯子一样。当时的君主也为这些学说所迷惑，心神颠倒，一生致力于写作毫无用处的虚文，自己也不知道为什么要这么做。

"间有觉其空疏谬妄，支离牵滞，而卓然自奋，欲以见诸行事之实者，极其所抵，亦不过为富强功利五霸之事业而止。圣人之学日远日晦，而功利之习愈趋愈下。其间虽尝瞀惑于佛、老，而佛、老之说卒亦未能有以胜其功利之心；虽又尝折中于群儒，而群儒之论终亦未能有以破其功利之见。盖至于今，功利之毒沦浃于人之心髓而习以成性也几千年矣！"

偶尔有人发现这种学说空疏虚妄、支离破碎，犯了拘泥于字句的错误，他们鼓起勇气通过实际行动去验证，最终其行为只是等同于追求富国强兵及功名利达的五霸。如此一来，世人离圣人之学越来越远，圣人之学益发不明，追求功利的风习愈演愈烈。其间有人被佛教及老、庄学说吸引，然而最终没能战胜功利之心。然后有的儒学家想在众多儒学家的学说中取舍，以求中庸之道，最终却没能打破功利的看法。因此，时至今日，功利毒害浸入人的心髓长达千年之久，其习惯已变成本性。

"相矜以知，相轧以势，相争以利，相高以技能，相取以声誉。其出而仕也，理钱谷者则欲兼夫兵刑，典礼乐者又欲与于铨轴，处郡县则思藩臬之高，居台谏则望宰执之要。故不能其事，则不得以兼其官；不通其说，则不可以要其誉；记诵之广，适以长其敖也；知识之多，适以行其恶也；闻见之博，适以肆其辩也；辞章之富，适以饰其伪也。是以皋、夔、稷、契所不能兼之事，而今之初学小生皆欲通其说，究其术。其称名僭号，未尝不曰'吾欲以共成天下之务'，而其诚心实意之所在，以为不如是则无以济其私而满其欲也。"

因此，世人互相夸耀知识、攀比权势、争利竞技、争夺名声。一旦进入仕途，掌管财政的人想要兼管军事司法的权力，掌管礼乐的人想要得到人事权，郡县的官员想要升迁为更高级别的地方行政官，负责劝谏天子的官员期望获得宰相等要职。当然，想要兼任其他官职，必须具备胜任相应职位的能力。如果不精通某方面的理论，就不能获得这方面的名声。背诵经书，让他心高气傲；知识渊博，适合干坏事；见闻多广，适合与人争辩；擅长文章，适合伪装。于是，就连皋陶、夔、后稷、契都无法兼任的官职，如今的初学者却想要精通所有理论，穷其技术。只是，他们表面上都说自己是想为天下人做事，其实其本心在于，如果不这样做，就不能谋取私利而满足欲望。

　　"呜呼！以若是之积染，以若是之心志，而又讲之以若是之学术，宜其闻吾圣人之教，而视之以为赘疣枘凿，则其以良知为未足，而谓圣人之学为无所用，亦其势有所必至矣！呜呼！士生斯世，而尚何以求圣人之学乎？尚何以论圣人之学乎？士生斯世而欲以为学者，不亦劳苦而繁难乎？不亦拘滞而险艰乎？呜呼，可悲也已！所幸天理之在人心，终有所不可泯，而良知之明，万古一日！则其闻吾'拔本塞源'之论，必有恻然而悲，戚然而痛，愤然而起，沛然若决江河而有所不可御者矣！非夫豪杰之士无所待而兴起者，吾谁与望乎？”

　　唉！以这样常年的恶习和这样的心志，去学习这样的学问，难怪听了圣人的教诲，会认为是无用的、不合时事的。这样一来，势必认为良知不够充分，圣人之学无用。唉！生于这样的时代，如何才能求圣人之学？如何才能论圣人之学？生于这样的时代，有志于学问的人，要面临多少苦难呢？要受多少拘束，经历多少风险呢？唉！实在可悲！所幸人心中的天理永远不会泯灭，良知的光辉万古不变。因此，世人听了我的“拔本塞源论”后便会感动悲伤，如决堤奔流的长江、黄河之水那样，以势不可挡之势愤然而起。除了那些不依靠他人、能够独自奋起的豪杰志士之外，我又能期待谁呢？

　　这一节可以说是“拔本塞源”论的总论。对于圣人之学的衰落、人心功利的积习，王阳明在这段短文中三次使用“呜呼”一词，由此可见他感叹至深。他将万世的积弊，归结为盘踞人心的功利之念，只能佩服他的洞察力了。古今中外的思想家当中，有几人能如此直截了当地用“功利”二字概括诸恶的根源？实在令人惊叹。我们必须深思“功利”二字，察知它的危害之大、之深。

　　同时，先生又滔滔不绝地论述了扫除功利积习、复兴圣学的困难。其中，他从历史的角度叙述了古今有识之士及思想家为了纠正功利之积习、复兴圣学所提出的各种学说，又叙述了这些都未能奏效的实情。结果，圣人之学被当作无用的学问、不适合时世的学问，因而自然被忽视掉了。他又论及世间有识之士应该如何应对以及寻求方法途径何等困难。王阳明这才高呼能够从根源上洗涤积弊的理念。这一理念便是心之天理，即良知。王阳明说："所幸天理之在人心，终有所不可泯，而良知之明，万古一日！"这才是王阳明所要高呼的内容。至此，《拔本塞源论》一文得以首尾呼应。然而，匡正世俗及学术的功利积弊，无疑是极为困难的。因此王阳明在结语处写道，我只能期待相信自己力量、振奋激昂的豪杰之士了。

此心光明

为什么我要把《拔本塞源论》放在最后讲？因为这一篇的立意很高，如果开篇就讲，很有可能被视为唱高调。我将它放在这里讲，因为我相信能够读到这里的你，内心对这段内容更易产生共鸣。此时，让我们用先生的终极期望来升华心学的要义。

《拔本塞源论》里描述的以天下为己任的人生态度，是认知提升的"药引子"。如果没有这个基本态度，那么所有的修养都将是隔靴搔痒，所有的努力都将无疾而终。先生说："数年切磋，只得立志辨义利。若于此处未有得力处，却是平日所讲尽成虚语，平日所见皆非实得，不可以不猛省也。"

有两种人能够比较容易进入这种格局：

第一种是事业做得很成功的商人或官员，这部分人在起步阶段可能也是是为了发财或当大官，但是当他们的世俗目标达到之后，他发现，他肩上已经扛起了重重的责任，很难轻易放下了。这时候他就需要成就感和使命感的召唤，把黎民苍生装进胸怀。而第二种则是那些一辈子没出过门、没读过书的人。他们还保持着最质朴的人性，他们粗茶淡饭，辛勤劳作，为人谦和。而我们这些自诩聪明的年轻人却早已被功利欲念熏染，伴随一生的是紧绷的神经和无尽的压力。

我在前面说过：不焦虑，少烦恼的通达人生，和不思进取，随波逐流的人生态度是不兼容的。直白点说就是，庸人不配享有内心的平静。一定是有大理想、大格局的人，才有希望真正脱离低级趣味。修行不能靠压抑，而是要靠内心涌起的使命感。你和这个世界产生了心灵的默契，将个体融入了人群，才能将生命融进历史。

天底下没有新鲜事。先生说："盖至于今，功利之毒沦浃于人之心髓而习以成性也几千年矣！"我想说的是，先生看到的功利之毒，我们今天更甚。因为我们生活在一个商业文明的时代，在一味追求物质财富这条路上，我们已经走得太远。

我们看到，近些年心理学在兴起，甚至每个高校都配备了心理保健室。我在开篇说了，心理学和心学的区别在于，前者是为了治人之病，后者是为了安己之心。抑郁症、狂躁症、精神分裂症等概念都是心理学的发明。但在我看来，我们需要的是真正能够拯救心灵的大学问。所以，我们需要回到东方哲学。从这个角度上来讲，心学是个完美的选择，他不是宗教，但是它有类似宗教的心灵感召能力。他用接地气的方式，让人们在日常生活中找到宁静与幸福。

大 同 世 界

　　我们每个人都是这个世界上脚步匆匆的过客。不管你是什么职业、什么身份，你来到这个世界最后又离开，这是生死定律，作为人概莫能外。比如我现在在写的这本书，我所讲的这些思想都是我自身的吗？当然不是，是无数先贤的言语在我心中留下了烙印，是他们的智慧在我的心里发酵，让我结合自己的经历，用我的笔把它写出来了而已。说到底，我就是个智慧的搬运工。

　　如果你能这样去理解这个世界，我相信你对于名利的执着心会有所化解，争名逐利的念头也会淡下来。全世界七十多亿人，我们不要把他们视为对手，而要把他们视为队友。

　　"天下之人熙熙皞皞，皆相视如一家之亲……各勤其业，以相生相养，而无有乎希高慕外之心。"

　　一般来讲，在这个世界上，我们会默认自己和他人是竞争关系。争夺、攀比、嫉妒、伤害都是这个竞争关系的体现。但事实上，我们可以换一个角度来看问题。那就是，我们同属于一个人类命运共同体，人与人之间是合作关系，每个人都在通过自己的劳动，以及和别人的协作，让这个世界变得更美好。在这种模式下，有才能的人可以发挥自己的才能，有天赋的人就利用自己的天赋。如果没有这些特殊才能，那你也能做一些力所能及的工作去造福社会。

比如你读书不好，学历不高，也没有很多本钱去创业，那你可以摆个摊，做点小生意，你能通过劳动从中获得回报，来维持你的生活。如果你对这个世界充满偏见，觉得自己这样的生活并不好，对富人的生活充满羡慕，对你的工作心生厌恶，那你能幸福吗？

如果你真的认识到了自己的能力，安定下了自己的心思，你就开始感恩你的生活。不要失去和人群在心灵上的联系。如果一个公交车司机脑海里有这样一幅图景：这个城市的公交线路，像毛细血管一样布满全城，一辆辆公交车负责把人们送到城市的各个角落，而自己驾驶的这辆，就是其中之一。他跟别的线路上的司机师傅一起在下这盘大棋。这样的格局观，是不是会让一个人有归属感？相反，如果每天被私意缠绕心灵，天天想的是奖金是否足额，排班是否合理，同事之间的摩擦，家里家外的琐事，然后看看堵成糨糊的交通，再感叹一下自己驴拉磨一样的人生，这该是多么可悲的人生啊。

当你用命运共同体的思维方式去感受生活时，因为不攀比就不会焦虑，不争夺就不会受伤。这样做出的人生规划会更加纯净。因为你的着眼点在于我能为人群做什么，而不是别人能为我做什么。这样你每天的工作会更有成效，因为你心无杂念，你的动作不会跑偏。而且因为你更高效地创造出了价值，社会一定会奖励你。人和人的差别就在于，有人坚信这一点并且去实践，有人一直不见兔子不撒鹰，人生的路越走越窄。

你不觉得这种假设更接近事实真相吗？现代社会哪有那么多你死我活，哪有那么多处心积虑要害你的人，只是一些不好的社会风气在给所有人制造焦虑罢了。

想象一下，当每个人都不再带有功利心去生活，大家都在一心建设美好家园，看着夜幕下的车水马龙，看人们行色匆匆，你的内心会不会更安定一些呢？

我们每个人最终的归宿，都是百川入海，万流归宗。